Lost & Dark Places
Bremen & Bremerhaven

In diesem Gebäuderest werden keine Speisen mehr gereicht (Kapitel 29).

Johann-Günther König, Hajo König

Lost & Dark Places
BREMEN & BREMERHAVEN

33 vergessene, verlassene und unheimliche Orte

BRUCKMANN

↑ Zerbrochener Glanz der Bremer Woll-Kämmerei (Kapitel 23)
↓ Einst Güterbahnhof, heute Areal für die Kreativen (Kapitel 2)
↘ In diese Zellen kommen nur noch Geschichtsinteressierte (Kapitel 9).

INHALT

Vorwort 8
Verhaltensregeln für Lost Places 11

33 LOST & DARK PLACES

1 **Ich bin ein Elefant, Madame …** 16
Das Antikolonialdenkmal im Nelson-Mandela-Park

2 **Wo auch kreativ geschafft wird** 20
Der Güterbahnhof Bremen

3 **Ein verpöntes großes Namensdenkmal** 24
Das Ehrenmal auf der Altmannshöhe

4 **Bloß schnell durch** 28
Vandalismus im Kunsttunnel unter der Altmannshöhe

5 **Kein Anschluss unter allen Nummern** 32
Der öffentliche Fernsprecher im Schnoor

6 **Wie lange noch an Ort und Stelle?** 34
Der Kirkeby-Turm auf der Domsheide

7 **Gruselkabinett mit Eintrittsgebühr** 36
Der Bremer Bleikeller

8 **Schaurig** 42
Der Spuckstein auf dem Domshof

9 **Ab in die Zelle** 46
Das Wilhelm Wagenfeld Haus alias Ostertorwache

10 **Erst ein, dann kein Hochverrat** 50
Das Vasmer-Sühnekreuz im Ostertor

11 **Bis zum letzten Blutstropfen** 54
Der Kommandobunker im Bürgerpark

12 **Im Verfall** 60
Henrich Fockes Messerschmitt-Fertighaus

13 **Reif für den Abriss** 64
Denkwürdiges Haus in Horn-Lehe

14 **Strukturwandel auf der Überseeinsel** 66
Immer entlang der Stephanikirchenweide

15 **Wo früher scharf kontrolliert wurde** 70
Das alte Zollamt Bremen-Überseehafen

16 **Im südlichsten Seehafen Deutschlands** 74
Das ehemalige HAG-Werk

17 **Mörderisch unheimliches Bauwerk** 80
Der U-Boot-Bunker »Hornisse«

18 **Abrissreif im Parzellengebiet** 84
Kleinmuseum erinnert an Kaisenhäuser

19 **Als die Loks noch Durst hatten** 88
Der Wasserturm am Rangierbahnhof Gröpelingen

20 **Das ist keine Kunst, das kann weg** 92
Wo Hans Koschnick aufwuchs

21 **Gehen Sie ins zum Gefängnis!** 96
Die ehemalige JVA Blockland

22 **Aus Lost Place wird Lost Place** 102
Die Staffage – eine seltsame Turmruine

23 **Riesiges Betriebsgelände ade** 104
Seit 2009 Geschichte – die Bremer Woll-Kämmerei

24 **Furchtbar beklemmend** 110
Die Ruine des Bunkers Valentin in Rekum

↑ Das sogenannte achte Weltwunder (Kapitel 24)
↗ Der Wasserturm der einstigen Bremer Woll-Kämmerei (Kapitel 23)

25 Maritime unheimliche Dinge und Orte 114
Vom Hohentorshafen zum Lankenauer Höft

26 Solange er poltert, ist alles gut 122
Sagenhafte Gestalt in Brunnenform: Der Klabautermann

27 Einst ruhmreiche Schiffbauunternehmen 126
Überbleibsel der Rickmers- und Schichau Seebeckwerft

28 Neuartige Reparaturanlage von 1844 132
Das Wencke-Trockendock

29 Hafenklause machte die Sause 136
Die Lokalruine am Kaiserhafen

30 Gefährdete Architektur aus der Gründerzeit 140
Leerstehende Altbauten im Goethe-Quartier

31 Morbider Charme mit Fischen 144
Das Ex-Marinebad in Bremerhaven

32 Laubenpiepers Albtraum 148
Verfall in der Kleingartenanlage Ackmann

33 Wattwanderung zu einem Lost Place 152
Die Festungsinsel Langlütjen II

Register 157
Impressum 160

VORWORT

GESCHICHTE UND GESCHICHTEN Der einzigartige Zweistädtestaat Freie Hansestadt Bremen umfasst seit 1947 Bremen mit heute rund 570 000 und Bremerhaven mit gut 110 000 Bewohnern. Ein Lost Place – sinngemäß »vergessener Ort« – ist das kleinste und hoch verschuldete deutsche Bundesland übrigens noch nicht …
In Wort und Schrift vielfältig bezeugt und gewürdigt sind Bremen seit dem Jahr 782 und Bremerhaven seit 1827. Die alte Hanse- und die junge Seestadt liegen beide an der Weser und wurden während des Zweiten Weltkriegs stark durch Luftangriffe zerstört – 62 Prozent Bremens und über 70 Prozent Bremerhavens fielen in Schutt und Asche. 1945 mussten beide Hafenstädte in großem Umfang neu erbaut werden. Von den damals unzähligen Ruinen ist keine mehr da.
1947 erfolgte die Neukonstituierung und es entstand das *Bundesland Freie Hansestadt Bremen*. In der Folge diente Bremerhaven als Versorgungshafen der US-Armee und wies eine Zeit lang den größten Fischereihafen Europas auf. Der in den 1970er Jahren erbaute Container-Terminal ist eines der längsten zusammenhängenden Kajen-Bauwerke der Welt.
Im ausgehenden 20. Jahrhundert waren Bremen und Bremerhaven von heftigen Strukturkrisen betroffen. Fischerei und Schiffbau und damit zigtausende Arbeitsplätze gingen verloren. Hatten sich ab dem 18. Jahrhundert im Unterwesergebiet – vor allem in Bremen und Bremerhaven – viele Werften und Reparatur-

Heute ein Bunker mit Gartengeräten und ohne Kommandeure (Kapitel 11)

betriebe mit Docks für die Schifffahrt angesiedelt, so waren sie zu Beginn des 21. Jahrhunderts fast sämtlich aufgelöst worden – darunter die legendären Werften AG Weser, Bremer Vulkan und Rickmers. Von den wenigen aus ihrer eigentlichen Funktion entlassenen »Überbleibseln« aus der Zeit vor dem Werftensterben kommen in diesem Buch einige in den Blick. Gegenwärtig machen sich die beiden Großstädte an der Weser als Zentren für Wissen, Luft- und Raumfahrt, Logistik und High-Tech einen Namen. Im Übrigen punkten sie mit vielfältigen touristischen Anziehungspunkten wie dem Deutschen Auswandererhaus, dem Deutschen Schifffahrtsmuseum, dem Klimahaus Bremerhaven 8° Ost, der Kunsthalle Bremen, dem Übersee-Museum und dem Universum (Wissen zum Anfassen).

MIT UND OHNE PATINA In Bremen und Bremerhaven wird die wechselvolle Vergangenheit nicht zuletzt durch zahlreiche Führungen und denkmalgeschützte Gebäude gespiegelt. »Echte« Lost Places, also aufgegebene und im Verfall befindliche Liegenschaften und Gebäude, sind innerhalb der jeweiligen Stadtgrenzen recht rar gesät. Unheimlich, gruselig oder düster wirkende Dark Places, die teils mit Sagen, Legenden, Tod und Verderben verbunden sind, sind keine Seltenheit. »Nicht-Orte« (Marc Augé), also Einkaufszentren, Bahnhöfe, Flughäfen und Verkehrsflächen spielen in diesem Buch keine Rolle, weil sie nicht wirklich verwahrlost sind.

Verlassene und dem Verfall überlassene Krankenhäuser, Hotels, Fabrikhallen, Depots, Bunker, Villen und Hütten, die teils viel Vergangenheit, aber eines Tages dann keine Zukunft mehr hatten, verströmen meist eine besondere, mystische Atmosphäre. Sie haben eine von vielen als unheimlich empfundene Aura und ziehen Fans der »Urban Exploration« magisch an.

KEIN STILLSTAND Gleichsam in der Natur der Sache liegt die im Laufe der Zeit waltende Veränderung. Jedenfalls wird in den Großstädten Bremen und Bremerhaven ständig neu- und umgeplant, wird saniert, neu gebaut und werden zuweilen auch große Gebäude kurzerhand abgerissen. Nicht zu vergessen erfolgreich umgesetzte Sanierungsmaßnahmen wie bei vielen der um 1900 in der Bremerhavener Goethestraße im Stil der Neorenaissance, Neogotik, des Spätklassizismus (und später des Jugendstils und des Neobarocks) errichteten Mietshäuser, von denen nicht wenige eine Zeitlang dem Verfall preisgegeben waren. Einige Häuser stehen übrigens deshalb schief, weil sie unzulänglich gegründet worden sind.

GAR NICHT DA? In der alten Hansestadt mit dem »Schlüssel zur Welt« und der einst als »Vorort von New York« gerühmten Seestadt gibt es einige sogenannte Schrottimmobilien, um die sich niemand kümmert. Ob diese von uns 2022 vorgefundenen leer stehenden Bauten mit eingeschlagenen oder fehlenden Fenstern, abgebranntem Dachstuhl und überwucherten Gärten noch eine längere Zeit ihr Lost-Place-Dasein fristen werden, ist die Frage. Zwar sind es oft baurechtliche Vorschriften oder finanzielle Probleme, die eine Weiternutzung, einen Umbau oder einen Abriss verhindern. Die menschliche und die Naturgewalt sorgen aber im Zweifelsfall dann doch für ein plötzliches Verschwinden.

Erinnerungsstücke an eine aufgegebene Werft (Kapitel 27)

ZUR MOBILITÄT In keiner anderen bundesrepublikanischen Großstadt mit mehr als 500.000 Einwohnern fahren mehr Leute mit dem Fahrrad als in Bremen. Auch für die Einwohner Bremerhavens ist das Radfahren zunehmend das erste Mittel zum Fort- und Ankommen. Besucher können schlichte, elektrisierte oder als Transportrad ausgelegte Drahtesel über *Bremen Tourismus* buchen, dort gibt es auch die hilfreiche »Bike Citizens App« für beide Städte zum kostenlosen Download. Siehe: www.bremen-tourismus.de. Die Angebote Bremerhavens finden sich unter: www.fbg-bremerhaven.de/erlebnis/de/fahrradverleih. In der liebevoll auch als »Dorf mit Straßenbahn« bezeichneten Hansestadt sind – zumal bei schlechtem Wetter – Trams bzw. Straßenbahnen und Busse im ganzen Stadtgebiet unterwegs. Viele Linien der *Bremer Straßenbahn AG (BSAG)* kreuzen den Bahnhof und die Domsheide. Da die Fahrplanauskunft auch online gewährleistet ist, verzichten wir auf kleinteilige Anfahrtsinformationen: www.bsag-netz.de. In Bremerhaven wurden die Straßenbahnen im Jahr 1982 aufgegeben, fahren nur Busse. Umfangreiche Informationen unter: https://bremerhavenbus.de. Für Autofahrerinnen und -fahrer – die zumeist mit Navigationshilfen ausgerüstet sind – weisen wir auf nächstgelegene Parkmöglichkeiten hin.

Eine Turmruine, die nie ein echter Turm war (Kapitel 22)

VERHALTENSREGELN FÜR LOST PLACES

1. Nie ohne Respekt

Jede Anlage und jedes Bauwerk erzählen eine Geschichte aus vergangenen Tagen. Und jeder dieser vergessenen, verlassenen und auch unheimlichen Orte befindet sich in jemandes Eigentum, was es zu respektieren gilt. So einige der in diesem Buch thematisierten Places sind nicht frei zugänglich oder werden schon aus rechtlichen Gründen besser nicht betreten. Das gewaltsame Öffnen von Fenster und Türen verbietet sich ohnehin von selbst.

2. Nichts mitnehmen oder liegen lassen

Wenn Sie etwas von einem Lost oder Dark Place mitnehmen, und sei es noch so klein, ist es Diebstahl. Schon deshalb gilt: Alles hat so zu verbleiben, wie Sie es vorgefunden haben. Belassen Sie es bei den Ein- und Ausblicken sowie den Fotos, die Sie machen. Und hinterlassen Sie nichts – schon gar keine Kaugummis.

3. Aufs Rauchen verzichten

Zollen Sie dem von Ihnen aufgesuchten Ort auch dadurch Respekt, dass Sie während Ihrer Aufenthaltsdauer auf das Rauchen verzichten.

4. Keine Graffiti sprühen

An Wänden und Gegenständen sollte von Ihnen nichts Sichtbares hinterlassen werden. Schließlich geht es immer um fremdes Eigentum. Generell sollen Besucherinnen und Besucher, die nach Ihnen den Ort aufsuchen, ihn genauso erleben können wie Sie.

5. Immer schön vorsichtig

Vorsicht ist besser als Nachsicht. Das zählt ganz besonders bei Lost Places. Marode Bausubstanz, kaputte Treppen, herumliegende Überreste und nicht vertraute Bodenverhältnisse sind eine gängige Gefahrenquelle. Lost und Dark Places sollten deshalb mindestens zu zweit, besser zu dritt aufgesucht werden. Jedenfalls lautet eine bewährte Regel: Ist eine Person verletzt, bleibt die zweite vor Ort und holt die dritte Hilfe. Auch hinsichtlich eventuell hinzukommender unbekannter Personen spricht viel dafür, nur gemeinschaftlich unterwegs zu sein.

Erst gesunken, dann trocken abgelegt: die „Prenzlau“ (Kapitel 25)

Lager- und Sortiergebäude der einstigen Bremer Woll-Kämmerei (Kapitel 23)

BREMEN

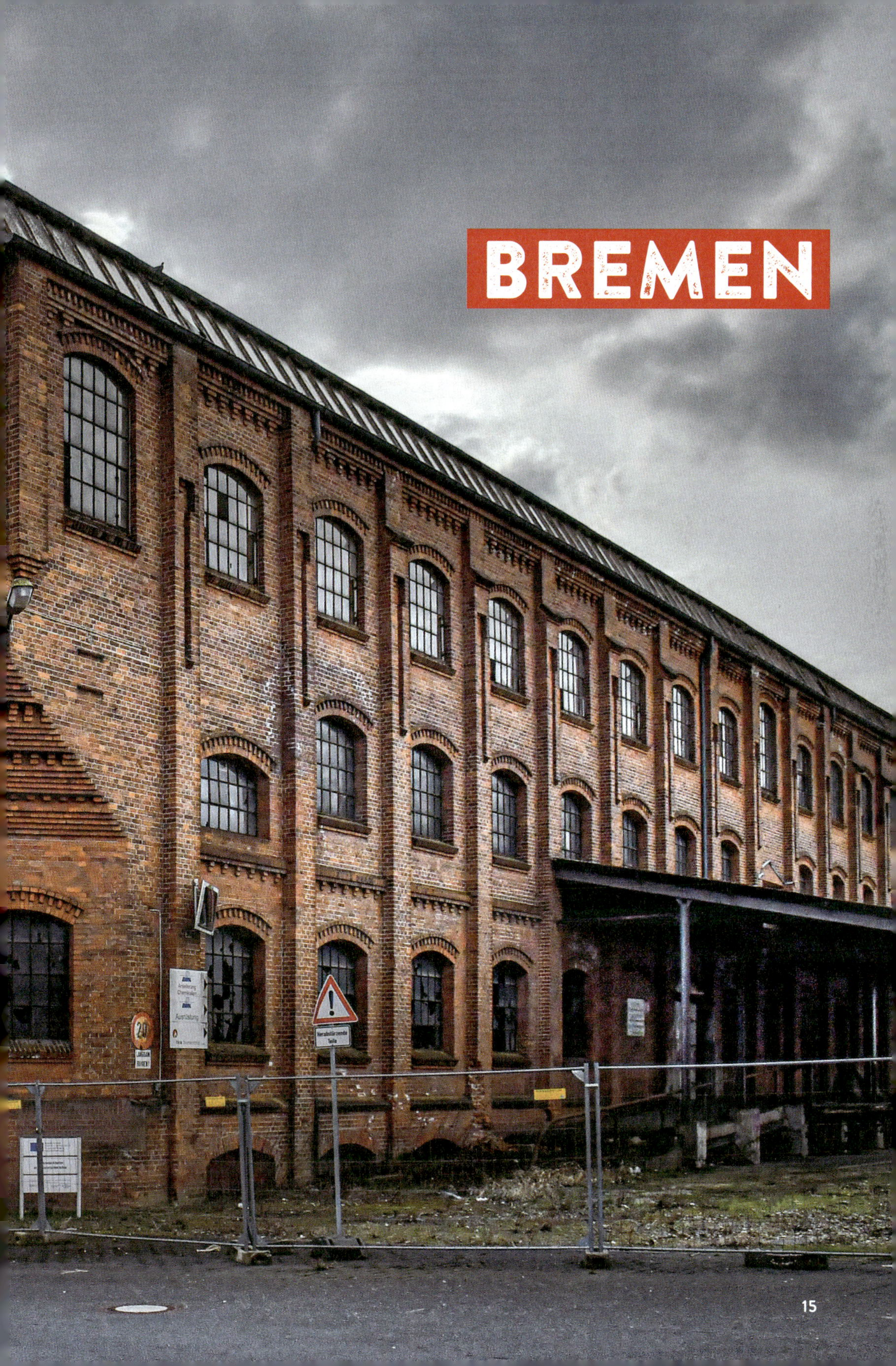

1

ICH BIN EIN ELEFANT, MADAME …

Das Antikolonialdenkmal im Nelson-Mandela-Park

Gleich hinter dem Bremer Hauptbahnhof steht seit 1931 der für die damalige Kolonialbewegung als zentrales deutsches Kolonialdenkmal erachtete backsteinerne Elefant, der inzwischen als Antikolonialdenkmal dient.

Ort Das Antikolonialdenkmal liegt zentral in der Nähe des Hauptbahnhofs, an der Ecke Gustav-Deetjen-Allee /Hohenlohestraße **GPS** 53.08422, 8.81747
Anfahrt Zu Fuß vom Bahnhofsplatz in wenigen Minuten erreichbar, Tram 6, Haltstelle Bremen Blumenthalstraße. Nächste Parkmöglichkeit auf der nahen Bürgerweide.

Beim massiven Elefanten aus rotem Klinker erinnern Steine aus der Omaheke-Wüste an umgekommene Herero.

AUS BREMER SPENDEN ERRICHTET »Ich bin ein Elefant, Madame«, heißt der erste Kinofilm des Theaterregisseurs Peter Zadek. Das engagierte Filmpamphlet paraphrasiert die Studentenrevolte der 1960er Jahre. Als es 1969 in die Kinos kam, war die eigentliche Funktion des überlebensgroßen Elefanten bereits in Vergessenheit geraten. Errichtet worden war das zehn Meter hohe und aus dunkelroten Oldenburger Klinkern gemauerte Tier-Monument 1931 nach einem Entwurf des faschistischen Bildhauers Fritz Behn (1878–1970). Eine im Gang des Denkmal-Unterbaus erhaltene Tafel verdeutlicht: »Das Deutsche Kolonialehrenmal / in Bremen / wurde von der Deutschen Kolonialgesellschaft / Abteilung Bremen / Aus Bremer Spenden nach dem Entwurf von Professor Fritz Behn – München / im Jahre 1931 errichtet / und am 6. Juli 1932 feierlich eingeweiht.« Der Elefant sollte die in den Kolonien während des Ersten Weltkrieges umgekommenen 1490 Soldaten »ehren«. Dafür wurde ein Buch mit ihren Namen in der Krypta auf einem massiven steinernen Tisch ausgelegt (es befindet sich heute im Staatsarchiv). Der symbolischen Darstellung des »Ehrenmals« zufolge liegen die Toten unter afrikanischem Boden. Bis zu ihrer Entfernung 1945 stand über der Tür zum Unterbau mit dem »Weiheraum« die Inschrift: »Unseren Kolonien« und prangten in Terrakottatafeln an den Seiten des Denkmals deren Namen: Kamerun, Togo, Deutsch-Ostafrika, Deutsch-Südwestafrika sowie Deutsch-Neuguinea und Deutsch-Samoa. Die auf der Rückseite des Monuments am Sockel angebrachten zwei Porträtmedaillons wurden auch abmontiert. Sie priesen den – bereits toten – Bremer Kaufmann Adolf Lüderitz (1834–1886) und den – damals immer noch sehr agilen – General Paul von Lettow-Vorbeck (1870–1964). Letzterer hatte im Ersten Weltkrieg das Kommando der Schutztruppe in Deutsch-Ostafrika und mit ihr den britischen, portugiesischen und belgischen Truppen schwere Niederlagen zugefügt. In den 1920er und 1930er Jahren hatte der in Bremen in der Colmarer Straße 39 wohnende Generalmajor a. D. und gefeierte Kriegsheld vehement die Rückgabe der ehemaligen Kolonien an Deutschland und die Wiederaufnahme der kaiserlichen Kolonialpolitik gefordert. Während der Elefant in der NS-Zeit dazu beitragen sollte, aus Bremen eine »Stadt der Kolonien« zu machen, ging er 1945 nach der Befreiung seiner kolonialrevisionistischen Funktion verlustig und stand nurmehr so da. An die gefeierte Symbolfigur des deutschen Weltmachtanspruches, den während der NS-Zeit als Kolonialpionier gefeierten Adolf Lüderitz, erinnerte das Backsteintier sichtlich

auch nicht mehr. Der Bremer Kaufmann hatte sich 1884 Namibia mit betrügerischen Mitteln und einem unlauteren Vertrag angeeignet. Später wurde daraus »Deutsch-Südwestafrika«.

PLÄNE UND TATEN DES ADOLF LÜDERITZ Der Bremer Kaufmann und Koloniegründer verfolgte zusammen mit dem Kaufmann Heinrich Vogelsang ambitionierte Pläne für Unternehmungen in Südwestafrika (heute Namibia), wo er auf die profitable Ausbeutung von Rohstoffen hoffte. 1883 wurden erste Verträge mit dem Nama-Kaptein Josef Frederiks abgeschlossen und in der Bucht von Angra Pequena eine Niederlassung errichtet. Dabei ging Frederiks von der üblichen englischen Meile (1,6 km) aus, Lüderitz jedoch von der viel längeren deutschen (7,5 km). Die Nama sahen sich mit Fug getäuscht, konnten die fragwürdigen Vertragsgrundlagen der Erwerbungen jedoch nicht ändern. Was Wunder, dass der Bremer Kaufmann für sie ein »Lügenfritz« war. 1884 erhielt er für seine größeren Ländereien sowie Bergwerke den Schutz des Deutschen Reiches. Für die Finanzierung fand der hoch verschuldete Lüderitz beim Deutschen Kolonialverein Unterstützung. 1885 übernahm die auf Betreiben von Wirtschaftsführern und der deutschen Regierung gegründete Deutsche Kolonialgesellschaft für Südwestafrika das von Adolf Lüderitz erworbene Land sowie die damit zusammenhängenden Verbindlichkeiten und Rechte. Nachdem der Kaufmann 1885 Mitglied der Bremer Handelskammer geworden war, stellte er 1886 eine neue Expedition zusammen, die die Anlage einer Siedlung an der Mündung des Oranje-Flusses prüfen sollte. Bei dieser Erkundungsfahrt ist »Lügenfritz« verschollen. Im Süden Namibias führen die Hafenstadt Lüderitz und die Lüderitzbucht (früher Angra Pequena) nach wie vor seinen Namen.

ERST VERGESSEN, DANN UMGEWIDMET Der Film »Ich bin ein Elefant, Madame« erschien 1969, der Beschluss zur Umwidmung des als »Reichskolonialehrendenkmal« errichteten und dann quasi funktionslosen Elefanten zu einem »Antikolonialdenkmal« erfolgte zwanzig Jahre später, als die Bremische Bürgerschaft am 19. September 1989 im Sinne der europäischen Aktion »Städte gegen Apartheid« die Umwidmung beschloss. Nachdem Namibia am 21. März 1990 seine Unabhängigkeit erlangt hatte, wurde am 18. Mai der Elefant bei einem Freiheitsfest offiziell in »Anti-Kolonialdenkmal« umbenannt. Bürgermeister Klaus Wedemeier betonte damals: »Kein Kontinent unserer Erde ist durch den europäischen Kolonialismus derart zerstückelt, ökonomisch und ökologisch zerstört und in seiner Identität verletzt worden wie Afrika.« Die Umwidmung des Elefanten verharrte nicht in einem symbolischen Akt; sie markierte den Beginn einer guten Zusammenarbeit. So gründeten Bremen und Namibia 1995 einen gemeinsamen Runden Tisch und der namibische Staatspräsident besuchte im Juni 1996 die Hansestadt. Zusammen mit dem Bürgermeister enthüllte er beim Elefanten eine Bronzetafel mit der Aufschrift: »Zum Gedenken an die Opfer der deutschen Kolonialherrschaft in Namibia 1884–1914, S. E. Dr. Sam Nujoma, Präsident der Republik Namibia, Dr. Henning Scherf, Präsident des Senats der Freien Hansestadt Bremen, Eingeweiht 21 Juni 1996.«

ERSTER GENOZID DES 20. JAHRHUNDERTS Beim Gedenken an die Opfer geht es um den Krieg der kaiserlichen Kolonialtruppen gegen die Herero und Nama im heutigen Namibia. Besonders grausam agierten die deutschen Soldaten von 1904 bis 1908 – nicht zuletzt während der Schlacht am Waterberg, wo das grausamste Kapitel der deutschen Kolonialgeschichte eingeleitet wurde. Zehntau-

In der Krypta sollte anfangs an die im Ersten Weltkrieg in den Kolonien getöteten Soldaten erinnert werden.

sende Herero und Nama wurden durch die Kolonialtruppen ums Leben gebracht, die damit – aus der Sicht vieler Historiker – den ersten Völkermord des 20. Jahrhunderts begingen. 2021 haben die deutsche und die namibische Regierung eine erste Einigung erzielt. Deutschland erkennt ihn an und entschuldigt sich. Zudem gewährt es eine Wiederaufbauhilfe in Höhe von 1,1 Milliarden Euro.

AKTUELLE ENTWICKLUNG Seit 2001 ist Namibias Hauptstadt Windhoek eine Partnerstadt von Bremen, seit 2008 ist der Elefant ein geschütztes Denkmal und seit 2009 pflegt es der gemeinnützige Verein »Der Elefant!«. Die Mitglieder beschwören und realisieren »Vielfalt, Toleranz und Kreativität durch Bildung, Kunst und Kultur«. 2009 richtete der Verein mit Kulturschaffenden und Nachbarn einen Erinnerungsort für die Opfer des Kolonialkrieges in Namibia ein. Steine aus der Omaheke-Wüste, in der viele Herero nach der Schlacht am Waterberg verdursteten, formen am Elefanten in Bremen seitdem einen kreisförmigen Erinnerungsort. Im Sommer eines jeden Jahres findet eine Veranstaltung zum Gedenken an die Opfer des Völkermords statt. Seit 2022 wird in Namibia mit seinen 2,6 Millionen Einwohnern ein groß dimensioniertes Projekt deutscher Unternehmen zur Produktion von grünem Wasserstoff verfolgt.

Das besondere Erlebnis

Ein Besuch lässt sich gut mit einem Ausflug in den nahe gelegenen Bürgerpark verbinden oder mit dem Besuch von Veranstaltungen in der weithin sichtbaren Bremer Stadthalle (offiziell ÖVB-Arena) auf der Bürgerweide. Zuvor oder anschließend sollte das Übersee-Museum neben dem Hauptbahnhof besucht werden. Es wurde 1896 als Städtisches Museum für Natur-, Völker- und Handelskunde eröffnet und beinhaltet eine in Europa einzigartige Sammlung. www.uebersee-museum.de

Die alten Lagerhallen im stillgelegten Güterbahnhof ziehen Graffiti-Sprayer wie magisch an.

2

WO AUCH KREATIV GESCHAFFT WIRD

Der Güterbahnhof Bremen

Mitten im Bremer Zentrum liegt der Güterbahnhof. Züge fahren ihn aber nicht mehr an, stattdessen kommen Leute mit Autos, Fahrrädern, Rollern oder per pedes zu diesem so faszinierenden, aber auch etwas verlottert wirkenden Ort.

Ort Beim Handelsmuseum 9, 28195 Bremen **GPS** 53.08517, 8.80746
Anfahrt Tramlinien 1, 4, 5, 6, 8, 10; Buslinien 20, 24, 25, 26, 27, 63; Haltestelle Hauptbahnhof. Der Güterbahnhof Bremen befindet sich hinter dem Überseemuseum-Bremen. Um auf das Areal zu gelangen, sind an der Schranke die Bahngleise zu überqueren. Vom Hauptbahnhof: Ausgang Richtung City, 5 Minuten zu Fuß. Parkplätze vorhanden.

ALTE LAGERHALLEN IM TAKT DER REGIONALZÜGE Im Güterabfertigungsbereich Bremen-Mitte fuhren früher Güterzüge mit exotischen Früchten und anderen Dingen mehr ein und aus. 1997 gab die Deutsche Bahn das 36.000 qm große Areal auf. Es beinhaltet neben Hofflächen und Parkplätzen das Kopf-Bürogebäude mit dem nach wie vor weithin sichtbaren Schriftzug »Güterbahnhof«, eine groß dimensionierte Gleishalle sowie zwei lang gestreckte Lagerhallen mit ihren vielen Toren – eine rot geklinkerte aus dem 19. Jahrhundert sowie eine schlichter errichtete jüngere. An beiden Längsseiten des nur über einen Bahnübergang erreichbaren Geländes verlaufen Bahngleise gen Hamburg und Oldenburg. Als die Freie Hansestadt Bremen im Jahr 2002 den Güterbahnhof zur strategischen Flächensicherung erwarb, schien zwar eine »Arrondierung« der Fläche und Anlagen unausweichlich. Aufgrund anderer städtebaulicher Entwicklungsprojekte sowie der lagebedingt schwierigen Anbindung des von Regionalzuglinien eingekreisten Areals aber waren die zuständigen Behörden schließlich nur zu bereit, einer »alternativen« Nutzung den Vorzug zu geben.

AREAL FÜR KUNST UND KULTUR DER FREIEN SZENE Gleich nach seiner Stilllegung wurde der Güterbahnhof Bremen von freien Künstlerinnen und Künstlern in Beschlag genommen. Sie richteten von 1997 an in den Gebäuden und Hallen Ateliers, Proberäume, Produktionsstudios sowie Ausstellungs- und Veranstaltungsräume für zeitgenössische Kunst und Kultur ein. Seit 2009 ist der »Verein Dreiundzwanzig. Zur Förderung Intermedialen Kulturaustausches e. V.« Generalmieter des ganzen Güterbahnhofsareals. Um die 200 Künstlerinnen und Künstler, Musikerinnen und Musiker sowie

Alte zerschlissene Sessel sind nicht mehr wirklich gemütlich – aber ein Hingucker.

Kreative aller möglichen Gattungen und aus aller Welt nutzen inzwischen die Anlage. Räumlichkeiten des Güterbahnhofs dienen zudem temporären Projekten und dem Lagerungsbedarf diverser Bremer Kunst- und Kulturinstitutionen. Ausstellungs- und Veranstaltungsorte wie »Tor 9«, »Tor 40« und »Tor 26« (mit angegliedertem Gastatelier), die »Galerie Herold«, die »Gleishalle«, die »Spedition« in den ehemaligen Räumen der Spedition Rosebrock sowie das Theater »Schaulust« sind inzwischen fest in die Bremer Kulturlandschaft integriert. Nicht zu vergessen der Ausstellungscontainer »CIAO«, ein gemeinschaftliches Projekt von Güterbahnhof-Akteurinnen und -Akteuren.

Kletterfreunde zieht übrigens »Linie 7 – Bouldern in Bremen« wie magisch an. Im Keller der Halle liegen erhalten gebliebene Bananen-Reifekammern. Sie dienten für die künstliche Nachreifung der Bananen aus Lateinamerika mit Reifegas.

VON EINEM GRAFFITI ZUM NÄCHSTEN

Spannend wird es bei der fußläufigen Erkundung des graffitibunten Areals. Da geht es von einem malerischen oder verschandelten Flecken zum nächsten. Auf dem mit diversen – auch unorthodoxen – Sitzgelegenheiten versehenen großen Parkplatz im Innenhof des Güterbahnhofs entwickelt und pflegt die »Arbeitsgruppe Hofgrün« ihre Pflanzkultur mit Wildwuchs. Ihr »urban gardening« soll der Artenvielfalt und dem Insektenschutz in der Stadt dienen. Nicht einfach zu unterbinden sind auf dem hinter dem Bremer Hauptbahnhof liegenden Gelände zuweilen auftretende Probleme mit Drogensüchtigen und Obdachlosen, denn das Sicherheitskonzept für den Hauptbahnhof schließt die ehemalige Güterbahnhofsanlage nicht mit ein. Viele der Lagerhallentore sind tagsüber geschlossen, wobei Schilder an einigen von ihnen verraten, dass hier abends etwas geboten wird – beispielsweise ein Tanzkurs. Der Güterbahnhof Bremen setzt neben Ausstellungen, Performances, Theateraufführungen und Konzerten jedenfalls auch auf kulturelle Bildung. Kurse, Schulungen, Workshops und Tagungen werden für alle Altersgruppen offeriert. Kurz, wer nach »Ver-rücktem« in einem Lost Place der Bahn sucht, ist auf dem Güterbahnhof der Freien Kunst- und Kulturszene am passenden Ort und an richtiger Stelle.

Das besondere Erlebnis

Eine andere Möglichkeit, um andere Kulturen und Länder zu entdecken, bietet das direkt am Bremer Hauptbahnhof gelegene Übersee-Museum. In der Ausstellung »Erleben, was die Welt bewegt« geht es um Themen, für die nationale Grenzen, Zeit- oder Klimazonen, Sprachbarrieren und anderes mehr keine Bedeutung mehr haben. Zahlreiche Mitmach-Stationen laden zum Forschen ein und regen an, eigene Rollen und kulturelle Blickwinkel zu hinterfragen. Siehe: www.uebersee-museum.de

Da Hunde zur Bewachung fehlen, kontrollieren offenbar Stubentiger das Geschehen.

3

EIN VERPÖNTES GROSSES NAMENSDENKMAL

Das Ehrenmal auf der Altmannshöhe

Mitten in Bremen, auf der Altmannshöhe zwischen der Kunsthalle und der Weser, gibt es einen Lost Place in Form einer kreisrunden Ziegelsteinmauer, der keinen eigenen Namen hat.

Ort Altmannshöhe, Stadtteil Mitte, 28195 Bremen **GPS** 53.07182, 8811277
Anfahrt Zu Fuß in wenigen Minuten von der Haltestelle Domsheide, wo viele Bahnen hinfahren, oder mit Tram 2 oder 3 bis Haltstelle Goetheplatz. Parkplätze im BREPARKhaus Ostertor/ Kulturmeile.

Ein Sperrgitter verhindert das Betreten des Innenraums mit den Namens-Klinkersteinen.

KEINE RUINE, ABER EIN MERKWÜRDIGES DENKMAL Die Ringmauer auf der Altmannshöhe am östlichen Ausläufer der Bremer Wallanlagen zwischen Kunsthalle und Weser entstand auf die Initiative des nationalsozialistischen Bremer Senats hin. Die Nazis wollten mit etwa 10.000 Steinen die im Ersten Weltkrieg umgekommenen Bremer ehren. Zusätzlich auch die 83 Soldaten und Freikorpskämpfer, die 1919 bei der Niederschlagung der Bremer Räterepublik ihr Leben eingebüßt hatten, sowie die Namen der drei NSDAP-Männer, die vor 1933 bei politischen Auseinandersetzungen »im Kampfe um das Deutsche Reich« umgekommen waren. Unter den Namen gibt es einen einzigen weiblichen, den der Krankenschwester »Minna Margarete Johanne Lüth«. Unter den 9 579 Soldaten aus der Hansestadt, die im Ersten Weltkrieg fielen, waren 24 junge Männer der Israelitischen Gemeinde Bremen. Ihre Namen wurden bemerkenswerter Weise auch in Klinkersteine graviert und in der alphabetischen Folge berücksichtigt – von Adolf Adler bis hin zu Paul Zacharias.

CHOR DER TOTEN Das Ehrenmal wurde zwischen 1934 und 1935 nach Entwürfen des Landschaftsarchitekten und Propagandisten des NS-Staates Heinrich Wiepking (1891–1973) und des vom Nationalsozialismus profitierenden Bremer Bildhauers Ernst Gorsemann (1886–1960) errichtet. Auf ausgeprägt nationalsozialistische Symbole verzichteten sie. Finanziert wurde es von der Bevölkerung, die die Steine zu je fünf Reichsmark symbolisch erwarb. Als das Ehrenmal am 13. Oktober 1935 eingeweiht wurde, brauste eine Fliegerstaffel im Ehrenflug über Bremen. Wiepking und Gorsemann hatten eine massive Ringmauer aus Klinkern entworfen, deren innere Seite aus etwa 10.000 unterschiedlichen Namenssteinen in alphabetischer Reihenfolge besteht. Über ihnen läuft ein Schriftzug mit den vierzehn Zeilen des Gedichts »Chor der Toten« von Conrad Ferdinand Meyer (1825–1898). Im circa 1600 Quadratmeter großen Innenraum des von einem Gitterzaun verschlossenen Ehrenmals steht ein auf dem Rücken von zwei Löwinnen ruhender, altarähnlicher Sarkophag. Ihn zieren auf beiden Seiten die Inschriften: »1914–1918, 10000 Maenner und Juenglinge zogen aus dieser Stadt in Krieg und Tod« / »Niemand hat groeßere Liebe denn die – daß er sein Leben lasset fuer seine Freunde.« Der Sarkophag bildet eine unsichtbare Achse mit der außerhalb der Ringmauer stehenden Steinskulptur

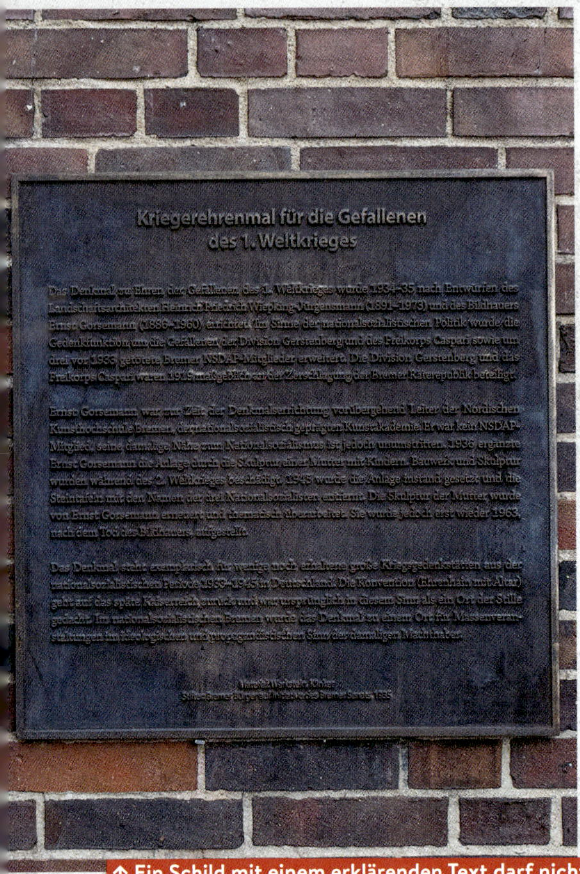

↑ Ein Schild mit einem erklärenden Text darf nicht fehlen.
↗ Blätter fallen, während das Efeu noch die Steine hochklimmt

»Mutter und Kinder« von Ernst Gorsemann. Da der Kopf der »Mutter« im Krieg von einem Granatsplitter beschädigt worden war, fertigte der Bildhauer eine neue Skulptur, diesmal allerdings mit einer trauernden Miene. Unverändert ließ er die vom rechten Arm der Mutter gehaltene kleine Tochter und den vor ihr breitbeinig und muskulös dastehenden Sohn.

ABGESPERRTER ORT DES ERINNERNS

Nach dem Zweiten Weltkrieg wurden als Erstes sechs Ziegel mit der Inschrift und den Namen der drei »NS-Blut-Zeugen« aus dem Denkmal entfernt. In der Folgezeit geriet es in der Bevölkerung überwiegend in Vergessenheit, wobei kritische Zeitgenossinnen und -genossen das Kriegsgefallenendenkmal als Produkt der NS-Propaganda ablehnten. Da sich im Laufe der Zeit das (noch gut erhaltene, aber dem Verfall überlassene) wohl größte Namensdenkmal Deutschlands zunehmend Vandalismusattacken, unerwünschten Gelagen und Besuchen rechtsorientierter Leute ausgesetzt sah, wurde die Innenseite durch einen Gitterzaun abgesperrt. 2008 war sie von Unbekannten sogar komplett pinkfarben bemalt worden. Der Kommentar dazu lautete: »Da heute wieder Soldaten für deutsche In-

Die steinerne Mutter mit zwei Kindern wirkt traurig.

teressen sterben, haben wir dem Heldengedenken einen anderen Anstrich gegeben.« Seit Jahren nimmt die politische und gesellschaftliche Auseinandersetzung über das Kriegerdenkmal zu. Inzwischen hat sich eine Gruppe von Akteurinnen und Akteuren gebildet, die nach Wegen für den zukünftigen Umgang mit der Altmannshöhe sucht. Eine Umwidmung des Ehrenmals wird ebenso erwogen wie die Realisierung von architektonisch-künstlerischen Vorhaben, um das Denkmal in den richtigen Kontext setzen. Zeitgenössische Künstlerinnen und Künstler könnten sicherlich die kritische Auseinandersetzung mit der Geschichte des namenlosen Denkmals leisten.

Das besondere Erlebnis

Von der Altmannshöhe geht es hügelab direkt zum Kunsttunnel, dem nächsten Ort. Nicht allzu viele Schritte sind es zum Gerhard-Marcks-Haus, dem Museum für moderne und zeitgenössische Bildhauerei. Es zählt zu den international anerkannten Häusern und zeigt stetig Sonderausstellungen, die beweisen, dass Skulptur ein lebendiges Medium ist. Siehe: https://marcks.de

An manchen Tagen gefährden massenhaft Glasscherben von Wein- und Bierflaschen die Passanten.

4

BLOSS SCHNELL DURCH

Vandalismus im Kunsttunnel unter der Altmannshöhe

Der unter der Altmannshöhe entweder zum Osterdeich und der Weser oder zum Altenwall führende Tunnel für Radfahrende und Zufußgehende war zu Beginn des 21. Jahrhunderts ein Dark Place, erblühte 2017 als Kunsttunnel und verblühte 2022 wieder zu einer hässlichen und unheimlichen Verkehrsanlage.

Ort Altmannshöhe, 28195 Bremen **GPS** 53.07119, 8.81278
Anfahrt Zu Fuß in wenigen Minuten von der Haltestelle Domsheide, wo viele Bahnen hinfahren, oder mit Tram 2 oder 3 bis Haltstelle Goetheplatz. Parkplätze im BREPARKhaus Ostertor/ Kulturmeile.

ZUR GESCHICHTE EINER UNTERPFLASTERSTRASSE Mitten in der Stadt, zwischen Weseruferpromenade und Wallanlagen, zwischen Parkgarage und Innenstadt sowie nahe dem Viertel und der Kunstmeile liegt der 163 Meter lange, gabelförmige Tunnel »Altmannshöhe«. Über den Baubeginn berichtete eine Bremer Tageszeitung Mitte April 1959: »Die erste Unterpflasterstraße in Bremen wird nicht für Kraftfahrer, sondern für die Radler und Fußgänger gebaut. Schon im kommenden Herbst können sie durch einen 2,5 Meter hohen Tunnel gefahrlos den Osterdeich unterqueren, wenn sie in Höhe des Ehrenmals von der Weserpromenade zur Stadt wollen oder umgekehrt.« Obwohl die Hansestadt schon früh den Ruf als eine der führenden deutschen Fahrradmetropolen hatte, kam es beim Ausbau von Radwegen zuweilen zu bürokratischen Verzögerungen. Die erste Unterpflasterstraße Bremens wurde denn auch nicht wie geplant 1959, sondern erst im März des Jahres 1961 eröffnet.

ES WERDE KUNST Als Ende des 20. Jahrhunderts die Farbschmierereien von Sprayern die Wände und die Beleuchtung des durchaus viel befahrenen Tunnels völlig verschandelt hatten, war guter Rat teuer, denn ihn suchten nun zunehmend Besucher auf, deren Saufgelage und Notdurft-Hinterlassenschaften immer mehr Menschen von einem Gang durch die düstere Röhre abhielten. Schließlich hatten eine Künstlerin und ein Marketing-Experte eine gute Idee. Sie warben für ihre Aufwertung in einen Kunsttunnel und hatten Erfolg. Sponsoren unterstützten die Einrichtung von 40 Schaukästen und drei Sonderrahmen für Gemälde und Fotografien sowie fünf große abnehmbare Flächen für hochwertige

Graffiti. Als der Kunsttunnel um 2016 wieder zunehmend verwahrloste, schrieb der Senator für Kultur einen Wettbewerb zur neuerlichen Gestaltung des Kunsttunnels aus, um ihn durch eine künstlerische Arbeit wieder in einen einladenden Ort zu wandeln. Zum Gewinner wurde der Bremer Künstler Johann Büsen (*1984) gekürt. Er gestaltete die 220 Meter lange Fahrrad- und Fußwegröhre vom Osterdeich zum Altenwall mit einem Kunstwerk aus 200 fantasievoll gestalteten Papierbahnen um. Als Büsen 2017 seine magische und surreale Wandarbeit mit dem Titel »Rabbit hole« fertiggestellt hatte, erlebte der Kunsttunnel eine herrliche Wiedergeburt, ermöglichten die mit mythischen und skurrilen Begebenheiten aufwartenden fiktionalen Bildwelten den Passanten unerwartete Verwicklungen in das Geschehen.

UND DANN KAMEN DIE VANDALEN Seit 2022 – daran lässt seitdem die übersprayte Worthälfte »Kunst« von Kunsttunnel über den Zugängen keinen Zweifel – hat grober Vandalismus die Wandarbeit von Johann Büsen zerstört. Flächenweise abgerissene Papierbahnen und üble Farbschmierereien haben die Kunst vertrieben und eine erneute Verwahrlosung der ersten Unterpflasterstraße Bremens herbeigeführt, die einem schlicht die Sprache und Lust verschlägt, den Tunnel per Rad, Roller oder gar per pedes zu durchqueren. Von

Einladend dürfte diesen Zugang zur Unterpflasterstraße wohl kaum jemand empfinden.

den übersprühten und nur mehr trüb glimmenden Deckenlampen ganz zu schweigen.

Das besondere Erlebnis

Von dem der Kunst beraubten Tunnel bietet sich der kurze Gang durch die Wallanlagen zur Kunsthalle Bremen an (Am Wall 207). Ihre Sammlung spannt einen Bogen vom 14. Jahrhundert bis in die Gegenwart. Die Europäische Malerei wartet mit Werken von Dürer über van Gogh bis hin zu Beckmann und Cage auf. Es gibt laufend fesselnde Sonderausstellungen. Siehe: www.kunsthalle-bremen.de

Eines der Motive des Künstlers Johann Büsen, das inzwischen zerstört ist

5

KEIN ANSCHLUSS UNTER ALLEN NUMMERN

Der öffentliche Fernsprecher im Schnoor

In den meisten Ortsbildern sind sie verschwunden: die gelben Kabinen mit einer Grundfläche von etwa einem Quadratmeter, in deren Innerem ein Münztelefon verbaut war. Doch im Schnoorviertel steht noch eine.

Ort Schnoor Viertel: Stavendamm 22, 28195 Bremen **GPS** 53.072937, 8.808586
Anfahrt Zu Fuß in wenigen Minuten von der Haltestelle Domsheide, wo viele Bahnen hin- und abfahren. Parkmöglichkeiten in der Balgebrückstraße.

Ein historischer Öffentlicher Fernsprecher, in dem Blumen sprechen

PFLANZEN STATT MÜNZEN Am Stavendamm steht eine klassisch postgelbe Fernsprechkabine aus den 1930er Jahren, hinter deren teils gesprungenen Scheiben gleichwohl keine Telefonate mehr geführt werden können. Statt eines Münzfernsprechers, dessen Funktion die Telekom inzwischen in allen deutschen Landen erst komplett deaktiviert und dann abgeschafft hat, zieht hier ein Vogelhäuschen die Blicke an – mit Münzeinwurf für neue Pflanzen. Mehr oder weniger frisches Grün, hin und wieder bunte Blüten und diverse Töpfe und andere Gegenstände sorgen für die Anmutung eines etwas vernachlässigt wirkenden Mini-Gewächshauses. Durch den Siegeszug der Mobiltelefonie haben die öffentlichen Fernsprecher zunehmend ihre Bedeutung verloren. Während Mitte der 1990er-Jahre, als die flächendeckenden digitalen Mobilfunknetze aufkamen und die Handys den Markt eroberten, noch rund 160.000 Telefonzellen in Deutschland standen, sind sie heute einschließlich der Stelen so gut wie komplett verschwunden. Telefonapparate kamen Ende des 19. Jahrhunderts zunächst bei Kaufleuten, Banken, großen Hotels und Zeitungsredaktionen in Gebrauch. Jedes Gespräch musste »vom Amt« einzeln vermittelt werden. Da sich die helleren Frauenstimmen gegen Nebengeräusche besser behaupteten, entstand mit dem »Fräulein vom Amt« ein beliebter Frauenberuf. Erste Gespräche von einer Stadt zur anderen waren in Deutschland ab 1883 möglich. »Sie sprechen jetzt direkt mit Lübeck und Bremen«, frohlockte ein Generalpostdirektor am 5. Februar 1887 in Hamburg.

VERTRAUTES MÜNZTELEFONBILD Ab 1899 tauchten im Deutschen Kaiserreich die ersten Münztelefone auf. Während der Weimarer Republik avancierten auf Straßen und Plätzen die Häuschen mit den Fernsprechapparaten zum vertrauten Bild. Ab 1946 waren diese Fernsprecher farblich einheitlich postgelb gestaltet – sie blieben es in West- und Ostdeutschland bis Mitte der 1990er Jahre, als die privatisierte Telekom auf die Farben Grau und Magenta umstellte. Zu jener Zeit hatte das in den Telefonzellen lange dominante Hinweisschild längst ausgedient: »Nimm Rücksicht auf Wartende. Fasse dich kurz!« Die Ermahnungen verhinderten allerdings keinesfalls die Bildung von Warteschlangen … Die Telefonhäuschen wurden im späten 20. Jahrhundert zunehmend für andere menschliche Bedürfnisse als dem nach einem preisgünstigen Orts- oder teuren Ferngespräch zweckentfremdet. Unzählige Aufkleber und Graffitis, eingetretene Scheiben, abgerissene Hörer und zerfetzte Telefonbücher waren zudem eine immer häufigere Nebenerscheinung. Die Münz- und dann auch Kartentelefone waren zudem zu oft nicht funktionsfähig.

NOSTALGISCHE ERINNERUNG Früher war die Gesprächszeit in der wohl aus der frühen Nachkriegszeit stammenden gelben Telefonzelle im Schnoor Viertel noch heiß begehrt. Zuerst musste man dutzende von 10 Pfennig-Münzen gesammelt haben, damit nichts schieflief. Dann musste man in der Warteschlange ausharren, bis man endlich an die

Früher hieß es: „Fasse dich kurz" in dem Öffentlichen Fernsprecher.

Reihe kam. In der Zelle galt es, auch mit klammen Fingern das Münzgeld rasch hervorzukramen und es so in den Schlitz einzuwerfen, dass es nicht gleich wieder in die Münzrückgabeschale purzelte. Anschließend wurde die Wählscheibe gedreht, um schließlich im klobigen Hörer den vertrauten Wählton zu hören. Bei Ferngesprächen galt es, relativ schnell die Münzen nachzuwerfen, damit die Telefonverbindung nicht unsanft unterbrochen wurde. Mitmenschen der jüngeren Generationen, die öffentliche Telefonzellen nicht mehr nutzten und benötigten, können so gut wie keine mehr auf Straßen und Plätzen sehen. Deren Ära ist in jeder Hinsicht vorbei – nur im touristisch herausgeputzten Schnoorviertel noch nicht.

Das besondere Erlebnis

Vom Platz am Stavendamm mit seinen historischen Straßenlaternen und dem kleinen Platz, in dessen Mitte der Brunnen »Beim Bade« vom Bremer Bildhauer Jürgen Cominotto an das ehemalige Badehaus der Fischer erinnert, geht es in den Schnoor. Enge Gassen, kleine Geschäfte, einladende Cafés und Lokale sowie viele architektonische Details machen das Viertel zu einem beeindruckenden Ziel. Siehe: www.bremen-schnoor.de

Die rote Skulptur steht unter Denkmalschutz, damit sie dem Platz erhalten bleibt.

6

WIE LANGE NOCH AN ORT UND STELLE?

Der Kirkeby-Turm auf der Domsheide

Der prägnante Kirkeby-Turm auf der Domsheide ist für die Öffentlichkeit nicht zugänglich. Er steht seit 2019 unter Denkmalschutz und wird das Stadtbild weiter prägen. Fragt sich nur wo.

Ort Die Domsheide liegt zentral in Bremen, der Turm Höhe Nr. 14, 28195 Bremen. **GPS** 53.074665, 8.808844 **Anfahrt** Tramlinien 4, 5, 6 und 8 (vom Bahnhof) sowie 2 und 3; Busse der Linien 24 und 25. Das nächste BREPARKhaus: Am Dom, Wilhadistraße 1.

KUNSTWERK VON WELTRANG Der Backsteinturm des dänischen Künstlers Per Kirkeby (1938–2018) gilt als ein Kunstwerk von Weltrang, das allerdings vielen Mitmenschen als solches nicht bekannt ist. Die Pläne für den Turm entstanden 1987, weil die Domsheide neugestaltet wurde und der damalige Stadtplaner Eberhard Kulenkampff mit dem Künstler und Architekt Kirkeby befreundet war. Das 1988 errichtete Bauwerk diente der Bremer Straßenbahn AG (BSAG) fortan als Verkehrsleitstelle. Die knapp 14 Meter hohe Skulptur besteht aus einem quadratischen Sockelgeschoss aus rotem Ziegelstein sowie einem Bogenmotiv an jeder Seite. Der oktogonale Aufsatz aus rotem Ziegelstein nimmt das Bogenmotiv in der Form der Fenster wieder auf.

WACHSENDE GERINGSCHÄTZUNG 2008 nahm die BSAG den Verkehrsturm, der sich durch seine Gestaltung und sein Material von der ihn umgebenden Architektur und von der Struktur der Domsheide abgrenzt, aus dem von einer Aufsicht gewährleisteten Betrieb. Die Automatisierung machte es möglich. Seitdem wird dieser einzigen begehbaren, aber nicht mehr mit einem Arbeitsplatz aufwartenden Backstein-Skulptur Per Kirkebys immer wieder die Aufmerksamkeit von Leuten zuteil, die sie nicht achten. Sie wird laufend mit Graffiti beschmiert und die Einbuchtungen dienen Wildpinklern für ihre nicht nur zum Himmel stinkende Ignoranz. Immerhin steht der von Per Kirkeby der Stadt Bremen geschenkte Turm seit 2019 unter Denkmalschutz, weil der Landeskonservator den Umgang mit der Skulptur strikt kontrolliert wissen möchte.

LOST FUNCTION AND PLACE Mit täglich etwa 70.000 Fahrgästen ist die Domsheide das zweitgrößte Drehkreuz der Bremer Straßenbahn AG. Im Laufe der 2020er-Jahre wird die Domsheide mehr oder weniger erheblich umgestaltet werden, da die BSAG die Gleise erneuern muss und deren Trassierungen verändern möchte. Es gibt seitens einiger Politiker zudem Überlegungen für eine Reduzierung der den Platz kreuzenden Bahnlinien. Nun begrenzt Kirkebys Turm auf der einen Seite zu sehr das Gleisdreieck und schränkt auf der anderen die Gleistrassierungsparameter ein, auch sind die Wegebeziehungen zwischen den – Stand 2022 – vorhandenen Haltestellen eingeengt. Kurz: Die rote Skulptur steht den Umbauplänen im Weg. Laut gewordene Pläne, sie abzureißen oder in andere Stadtgegenden zu versetzen, stoßen jedoch auf Ablehnung des Landeskonservators. Er akzeptiert lediglich die »Verschiebung« des Kirkeby-Turms auf dem Areal der Domsheide. Wie es baulich an der Domsheide weitergeht, bleibt abzuwarten.

Das besondere Erlebnis

Bis zum Tag X wird der Turm an herkömmlicher Stelle stehen bleiben. Was dann passiert, wer weiß. Im wenige Schritte entfernten BSAG-Kundencenter Domshof (Balgebrückstraße 11) gibt es nicht nur »schöne Shopartikel rund um Bus und Straßenbahn«, sondern auch Mitarbeiterinnen und Mitarbeiter, die Auskunft über die barrierefreien Umbaupläne des zentralen Umsteigepunkts für Bus und Bahn geben können.

Diese Tür öffnete sich früher täglich mehrmals für den Verkehrsleiter.

7

GRUSELKABINETT MIT EINTRITTSGEBÜHR

Der Bremer Bleikeller

Jede und jeder von uns wird einmal sterben. Die einst im Bleikeller des St. Petri Doms gefundenen Mumien bieten einen bemerkenswert gespenstischen Anblick – Augenhöhlen sind leer, Gesichter teils schmerzverzerrt ...

Ort Bleikeller, Am Dom 1, 28195 Bremen (Eingang im Bibelgarten) **GPS** 53.07531, 8.80871
Anfahrt Tramlinien 4, 5, 6 und 8 (vom Bahnhof) sowie 2 und 3; Busse der Linien 24 und 25. Das nächste BREPARKhaus: Am Dom, Wilhadistraße 1.

Schon lange eine Attraktion:
ein Keller mit Leichen, die mumifiziert wurden

Sind Totenköpfe die passenden Stützen für einen Prunksarkophag?

DAS FLEISCH IST GANZ TROCKEN UND HART 1698 gruselte sich ein Geselle des berühmten Orgelbauers Arp Schnitger, als er aus reiner Neugier in der Ostkrypta des Doms, wo Bleiplatten zu Reparaturzwecken der Dächer gelagert wurden, eine dort befindliche Kiste öffnete. Sie enthielt nicht etwa Baumaterialien oder auch ausrangiertes liturgisches Gerät, sondern eine gut erhaltene Mumie. Weitere sieben Kisten erwiesen sich nach dem Öffnen als Särge, die nicht verweste Mumien enthielten. Bereits ein Jahr später war der Begräbnisort im »Gewölbe unter dem Dom« eine Art touristische Attraktion – konnte dort jedenfalls der britische Staatssekretär William Bromley die »leichten Körper« betrachten. Als zwölf Jahre später der Frankfurter Bürgermeister Zacharias Conrad von Uffenbach (1683–1734) in der Hansestadt weilte, zeigten ihm Bremer Gelehrte auch den inzwischen als Attraktion sogenannten Bleikeller. Von Uffenbach staunte nicht schlecht: »Es ist dies ein Gewölbe unter dem hohen Chor, welches eben die Kraft hat, die Cörper unverweßlich zu erhalten […]. Denn als die Orgel vor einigen Jahren reparirt, und von denen Gesellen in diesem Gewölbe gearbeitet worden, haben selbige aus Vorwitz einen dieser Särge eröffnet, und den Cörper mit aller Kleidung unverwesend gefunden; das man dann in allen also angetroffen. Es sind derselben achte, sieben grosse und ein kleiner mit einem Kinde. […] Sie sind alle ohne einige Verwesung, Verletzung und den geringsten bösen Geruch. Sie sind so hart, daß sie uns der Küster in die Höhe richtete. Sie haben nicht allein, wie gedacht, alle Gliedmassen, sondern auch die Nägel, Zähne, Haare an dem Bart und Kopf. Die Haut siehet weder schwarz, gelb, oder sonderlich verändert, sondern fast natürlich von Farbe. Das Fleisch aber ist ganz trocken und hart.« So wie Bürgermeister von Uffenbach die Mumien im März 1710 vorfand, sahen sie ein Jahrhundert später nicht mehr aus – einigen fehlten schon Hautstücke, Haare und Finger, welche als Souvenirs mitgenommen worden waren. (Erst seit 1968 werden die Mumien mittels einer Glasabdeckung vor Trophäenjägern geschützt.) Der Finger einer der Mumien befindet sich übrigens im Goethehaus in Weimar, weil der Bremer Arzt Dr. Nicolaus Meyer (1775–1855) sie dem Dichterfürsten gesandt hatte, um ihn so in die Wesermetropole zu locken. Johann Wolfgang von Goethe ließ sich mit dem Finger aus dem Bleikeller aber nicht um den kleinen Finger wickeln. Die Särge mit den Mumien liegen schon lange nicht mehr in der Ostkrypta, in der früher das Blei lagerte. Sie werden gegenwärtig in einem Kellergewölbe neben dem Dom dargeboten, das zwar die bis heute gebräuchliche Bezeichnung »Bleikeller« trägt, aber keiner war. Der tatsächliche in der Ostkrypta war von der Domgemeinde 1823 Kaufleuten als Lagerraum überlassen worden. Die Mumien kamen kurzerhand in die dann Bleikeller genannte benachbarte Kohlenkammer. Dort blieben sie eine Attraktion bis 1984. Weil damals das Dom-Museum den Raum benötigte, wurden die Leichen erneut verlegt, und zwar in den Gewölbekeller des unmittelbar benachbarten Gebäudes, der seitdem als Bleikeller dient.

ABER BITTE MIT MÄRCHEN Um die acht gut erhaltenen Mumien in ihren Holzsärgen ranken sich zahlreiche Schauermärchen. Das beliebteste war bis Ende des 20. Jahrhunderts die Geschichte eines Mannes, dessen zum Schrei geöffneter Mund nahelegte, dass er vom Domdach heruntergestürzt, also ein Dachdecker gewesen sei. Erst als der Historiker und Pädagoge Wilhelm Tacke das Bleikeller-Geschehen intensiv erforschte und 1985 alle Leichen auch mittels Röntgenstrahlen untersuchen ließ, war die Mär geplatzt. Von den acht Mumien waren vier vermutlich Soldaten, von denen drei namentlich unbekannt geblieben sind: ein Kavallerieoffizier und ein lange als Student eingeschätzter Söldner. Da die vermeintliche Dachdecker-Mumie keine Knochenbrüche aufweist, die auf einen Sturz hindeuten würden, dafür aber eine Geschosskugel in der Wirbelsäule stecken hat, dürfte sie im Leben eher als Soldat unterwegs gewesen sein. Ein Militär war zweifellos der Oberst Gregor von Winsen. Die in früheren Reisebeschreibungen als »Lady Stanhope« bezeichnete, mehr als 300 Jahre alte Mumie war wohl keine Engländerin. Denn vom hochadeligen Geschlecht der Stanhopes kam zum in Frage stehenden Zeitraum keine Frau nach Norddeutschland und verstarb auch keine. Neben Gregor von Winsen sind namentlich bekannt der letzte schwedische Verwalter des Doms, Georg Bernhard von Engelbrechten (1658–1730) und seine Ehefrau Maria, geb. Mevius († 1734). Der Verwalter wurde wunschgemäß in einem steinernen Prunksarkophag im Erskineschen Grabgewölbe im Dom beigesetzt. Für die Beisetzung seiner Frau Maria neben ihm sorgten vier Jahre später die Töchter. Dennoch erfolgte 1812 die Verlegung der Leiche der Ehefrau in den Bleikeller. Die Leiche ihres Mannes stieß sozusagen 1822 wieder zu ihr, als das Erskinesche Gewölbe zugeschüttet wurde. Mit der ungestörten Totenruhe war es für beide freilich vorbei, denn fortan wurden sie zur Schau gestellt. Schließlich war der Bleikeller längst eine etablierte Touristenattraktion. Als 1823 die Verlegung des Bleikellers in die vormalige Kohlenkammer erfolgte, wurde die Mumie des Georg Bernhard von Engelbrechten zwar zunächst wieder in den Sarkophag gebettet, 1824 aber schon wieder herausgenommen »und zu den übrigen, gezeigt werdenden Leichen gesetzt«. Zudem wurde dem Ehepaar von Engelbrechten der Familienname genommen. Ihre fortan in einem offenen Holzsarg ausgestellten Mumien wurden als »englischer Offizier« und »schwedische Gräfin« betitelt. Warum die Tarnung der beiden erfolgte, ist zwar Gegenstand von Spekulationen, aber nicht zweifels-

Glasscheiben schützen die Mumien vor dem Betasten und vor Abbrüchen etwa eines Fingers.

frei erwiesen. Da an den Griffen des Sarges von Maria von Engelbrechten Kronen zu sehen sind, blieb ihre Inkognito-Funktion als Gräfin immerhin bis 1966 unhinterfragt. Erst als in jenem Jahr publik wurde, dass der Prunksarkophag nicht die Mumie ihres Mannes, sondern lediglich einen Zettel enthielt, auf dem dessen Umlagerung in den Bleikeller vermerkt war, kam die wahre Identität der Eheleute wieder ans Tageslicht. Die letzte Belegung des Bleikellers erfolgte, nachdem der Tagelöhner Conrad Ehlers am 31. Dezember 1788 das Zeitliche gesegnet hatte. Er war in seinen letzten Lebensjahren mit freier Kost und Logis versorgt worden, weil er dem Ansinnen zugestimmt hatte, »nach seinem Tode in dem Bleikeller beigesetzt« zu werden. Seine Leiche sollte zum Beweis der konservierenden Wirkung des Bleikellers dienen.

Prunksarkophag des Georg Bernhard von Engelbrechten mit Wappen.

BLEI MUMIFIZIERT? Warum verwesten die Leichen der Verstorbenen – auch die von Conrad Ehlers – eigentlich nicht? Sorgte tatsächlich das einst in den Kellerräumen gelagerte Blei für den guten Erhaltungszustand der Mumien? Die Annahme, dass das Blei mit der Mumifikation der im Bleikeller aufbewahrten Leichen zu tun habe, hielt sich lange. Inzwischen wissen wir, dass die Körper der Verstorbenen auf ganz natürliche Weise durch den kühlen Raum, die trockene Umgebungsluft und die Abwesenheit von Aasfliegen mumifiziert worden sind, wobei der Austrocknungsvorgang die Zersetzung der Leichen verhinderte.

HOFFNUNG ÜBER DEN TOD HINAUS? Für die Domgemeinde ist der Bleikeller einschließlich der jahrhundertelang an ihn geknüpften widersprüchlichen Mumifikationstheorien und skurrilen Geschichten ein einträgliches Geschäft. Die Besucherinnen und Besucher spülen seit dem 18. Jahrhundert ja Geld in die Kasse. Sigmund Freud, seines Zeichens Begründer der Psychoanalyse, befand 1909 nach einem Besuch: »Das ganze bleibt aber doch ein Plaidoyer für die gründliche Vernichtung des überflüssig gewordenen Menschen durch das Feuer.«

Das besondere Erlebnis

Nach dem Besuch des Bleikellers lohnt ein Besuch im Dom-Museum, das Einblick in die 1200-jährige Geschichte gibt und die spektakulären Grabungsfunde aus sieben Bischofsgräbern präsentiert. Wie wäre es mit dem Aufstieg auf einen der beiden über 90 Meter hohen Türme? Siehe: https://dommuseum-bremen.de

Der Bremer Bleikeller steckt voller Geheimnisse.

Wo das Schafott für Gesche stand, liegt der Basaltstein mit dem Kreuz.

8

SCHAURIG

Der Spuckstein auf dem Domshof

An das Schicksal einer Frau, die 30 Menschen vergiftete, von denen dann 15 starben, erinnert ein unscheinbarer Basaltstein im Schatten des St. Petri-Doms.

ORT Domshof, Bremen, **GPS** 53.075809, 8.809032
Anfahrt mit den Tramlinien 1, 2, 3, 4, 6; Buslinien 24, 25. BREPARKhaus Am Dom, Wilhadistraße 1, 28195 Bremen.

WO DIE SPUCKE WEGBLEIBT Vor der Nordseite des Doms, 18 Meter vom Brautportal entfernt, liegt im Pflaster ein Basaltstein mit eingekerbtem Kreuz. Hier soll entweder das Schafott gestanden haben, auf dem die Giftmörderin enthauptet wurde, oder der heruntergefallene Kopf hin gerollt sein. Vergessen ist das Ereignis bis heute nicht. Zum einen, weil es die letzte öffentliche Exekution in der Freien Hansestadt war, zum anderen, weil es sich um die Hinrichtung einer Frau handelte, die Literaten, Filmemacher und andere Künstler bis heute in den Bann zieht: Gesche Margarethe Gottfried, geborene Timm. Die am 6. März 1785 in Bremen geborene Tochter eines Schneidermeisters und einer Wollnäherin kam mit einem Zwillingsbruder namens Johann zur Welt. Sie wuchs in bescheidenen Verhältnissen auf, nahm aber Tanz- und Französischunterricht und wollte im Leben hoch hinaus.

GESCHE GOTTFRIEDS EHEN 1806 heiratete die 21-Jährige den wohlhabenden Sattlermeister Johann Miltenberg, dessen Frau gerade gestorben war. Aus dieser Ehe gingen fünf Kinder hervor. Der Sattlermeister war alles andere als ein guter Ehemann – er vertrank sein ererbtes Vermögen und hinterließ nach seinem frühen Tod am 1. Oktober 1813 nichts. Der mittellos gewordenen Gesche ging es in den folgenden Jahren schlecht, wobei sie von vielen Bremerinnen und Bremern als »Engel« geschätzt wurde, weil sie immer wieder Familienangehörige pflegte, die schwer erkrankt waren und bald darauf verstarben. So am 2. Mai 1815 ihre Mutter, am 10. Mai ihre Tochter Johanna, am 18. Mai ihre Tochter Adelheid, am 28. Juni ihr Vater, am 22. September ihr Sohn Heinrich, am 1. Juni 1816 ihr Zwillingsbruder Johann. Die von Todesfällen wie geschlagene und um ihr Wohlleben fürchtende Gesche gewann schließlich mit dem Weinhändler Michael Christoph Gottfried einen Liebhaber, der sie schwängerte, dann aber erkrankte und auf dem Sterbebett mit ihr die Ehe schloss. Am 5. Juli 1817 verstarb der Weinhändler; das gemeinsame Kind kam als Totgeburt zur Welt. In den folgenden Jahren genoss Gesche Gottfried die Erbschaft, lebte aber so verschwenderisch, dass sie ab 1821 in größere Geldnöte geriet. 1822 verlobte sie sich mit dem Modewarenhändler Paul Thomas Zimmermann und stand danach finanziell wieder etwas besser da. Zimmermann starb zwar im Jahr 1823 kurz vor der geplanten Hochzeit, hatte Gesche jedoch auch in seinem Testament bedacht.

SCHICKSALSSCHLÄGE? 1824 zog die Witwe Gottfried in das altstädtische Haus der Eheleute Rumpff und arbeitete bei ihnen gegen Kost und Logis als Haushaltshilfe. Bald darauf gab es wieder Trauerfälle zu beklagen. Am 21. März 1825 starb Gesches Freundin, die Musiklehrerin Anna Lucia Meyerholz, und am 5. Dezember 1825 mit Johann Mosees Gesches Freund und Berater. Und erneut häuften sich die Schicksalsschläge: Am 22. Dezember 1826 verstarb ihre Vermieterin Wilhelmine Rumpff, am 13. Mai 1827 verschied die dreijährige Elise und zwei Tage später deren Mutter, die Magd Beta Schmidt. Kurz darauf besuchte Gesche ihren alten Freund Friedrich Kleine in Hannover, dem sie Geld schuldete. Zur Rückzahlung kam es jedoch nicht, da er am 24. Juli 1827 unerwartet das Zeitliche segnete. Die vielen Todesfälle im Umfeld von Gesche Gottfried wurden zunehmend zum Gesprächsthema und Gegenstand von Gerüchten. Ihr noch im Leben stehender Vermieter Johann Christoph Rumpff schärfte jedenfalls seine Achtsamkeit. Als er zum Frühjahrsbeginn 1827 in einem Schinken kleine weiße Körner entdeckte, ließ er sie von seinem Arzt untersuchen. Das Ergebnis lautete: Arsenik – die Körner waren Gift. Am Abend des 6. März 1828, an ihrem 43. Geburtstag, wurde Gesche Gottfried verhaftet. Fast drei Jahre lang wurde sie daraufhin im Detentionshaus am Ostertor in Haft gehalten und vom Untersuchungsrichter Senator Droste verhört. Sie berichtete ihm umfänglich von ihren Taten und all den Ängsten, die sie dabei geplagt hatten.

AUF DEM SCHAFOTT Im Bremer Senat betrachteten die Männer Gesche Gottfried als eine kaltblütige und sexbesessene Serienmörderin und lehnten die von ihrem Verteidiger Friedrich Leopold Voget geforderte Einholung eines psychiatrischen Gutachtens ab. Der Prozess endete wie allgemein erwartet mit dem Urteil: Tod durch das Schwert. Am 21. April 1831 wurde Gesche Gottfried morgens vom Gefängnis zum Domshof gefahren, wo sich etwa 35.000 Zuschauer rund um das Schafott versammelt hatten. Man führte sie auf das Holzgerüst, wo sie sich noch einmal das Urteil anhören und ansehen musste, wie Senator Droste einen Holzstab zerbrach, um die Rechtskraft des Urteils zu verdeutlichen. Nachdem sie an einem Glas Rotwein genippt hatte, wurde sie auf dem Stuhl festgeschnallt und fing an zu beten, während ein Assistent ihren Kopf an den Haaren hochzog und der Scharfrichter ihn mit einem Hieb vom Körper trennte. Der abgeschlagene Kopf wurde erneut herumgezeigt, dann war die letzte öffentliche Exekution in Bremen beendet. Ursprünglich sollte der »Spuckstein« Abscheu gegenüber Gesche Gottfried auslösen. Heutzutage macht er wohl mehr Sinn als Mahnmal für die Ungerechtigkeit der Todesstrafe. Über die Motive der Serienmörderin wird nach wie vor viel spekuliert. Sie selbst sprach in der protokollierten Verhandlung immer von »einem Trieb«, der sie heimgesucht habe »wie ein Leiden, ein Kranksein«.

Das besondere Erlebnis

Der St. Petri-Dom steht auf einer Düne und markiert zugleich die früheste Stelle der Besiedelung Bremens. Aber wo steckt die geheimnisvolle Dom-Maus aus dem 11. Jahrhundert? Um zu ihr zu gelangen, muss man das Kirchenschiff bis auf den Hochaltar durchqueren. Hier leuchtet ein Scheinwerfer eine zugemauerte Tür und die unten im Stein erkennbare kleine Dom-Maus an. Mäuse galten im Volksglauben früher als Sinnbild des Teufels und der Hexen. Die Dom-Maus sollte diese Unwesen vom Gotteshaus fernhalten.

Bitte nicht spucken – besser das Brautportal des Bremer Doms bewundern

9

AB IN DIE ZELLE

Das Wilhelm Wagenfeld Haus alias Ostertorwache

Tolle industriell gefertigte Serienprodukte und ein in seiner Ursprünglichkeit bewahrter, ziemlich beklemmender Zellentrakt erwarten Besucherinnen und Besucher im Wilhelm Wagenfeld Haus. Zur Geschichte dieses Hauses gehört, dass es bis 1996 als Gefängnis fungierte.

Ort Am Wall 209, 28195 Bremen **GPS** 53.07301, 8.81496
Anfahrt Tramlinien 2 oder 3 zur Haltestelle Theater am Goetheplatz. Ca. 10 Meter zurück steht auf der rechten Seite das Wilhelm Wagenfeld Haus. BREPARKhaus Ostertor/ Kulturmeile. Vom Hbf. Bremen dauert der Weg zu Fuß ca. 20 Minuten.
Die Dokumentationsstätte ist an jedem 1. Samstag im Monat von 11.00 bis 16.00 Uhr öffentlich zugänglich, der Eintritt ist frei.

Zellentrakt im ehemaligen Detentionshaus, in dem Gesche Gottfried ihre letzten Tage verbrachte

WO GESCHE GOTTFRIED INHAFTIERT WAR Inmitten der Bremer »Kulturmeile« und in unmittelbarer Nachbarschaft zum Theater am Goetheplatz, dem Gerhard-Marcks-Haus und der Bremer Kunsthalle steht das klassizistische Baudenkmal Wilhelm Wagenfeld Haus, in dem aktuelle Fragestellungen rund um Design und Alltagskultur und die Erinnerung an den in Bremen geborenen gleichnamigen Bauhausschüler und Produktentwerfer gepflegt werden. Das Gebäude mit seinen markanten Säulen diente ab 1828 als Detentionshaus (Detention = Haft, Gewahrsam). Das wird schaurig deutlich in dem in seiner Ursprünglichkeit bewahrten Zellentrakt im rechten Seitenflügel. In diese Dokumentationsstätte Gefangenenhaus Ostertorwache gelangen Interessierte durch ein seitlich gelegenes Tor. Die fünf erhalten gebliebenen Zellen erinnern nicht zuletzt daran, dass hier zahlreiche Häftlinge den seelischen Belastungen des Gefangenenalltags nicht standhalten konnten. Mehrfach setzten Gefangene in Einzelhaft ihrem Leben durch Erhängen ein Ende und kam es zu Selbstmordversuchen mit Rasierklingen. Die zu besichtigenden Zellen erinnern zumal an die letzten Tage der Bremer Giftmörderin Gesche Gottfried im Jahre 1831, deren dem Wallgraben zugewandte Zelle jedoch nicht erhalten geblieben ist.

SCHMERZENSGESTÖHNE In seiner 1831 publizierten »Lebensgeschichte der Giftmörderin Gesche Margarethe Gottfried« erhellt ihr Verteidiger Friedrich Leopold Voget, ein

Ordnung, so heißt es, ist das halbe Leben – auch für inhaftierte Menschen.

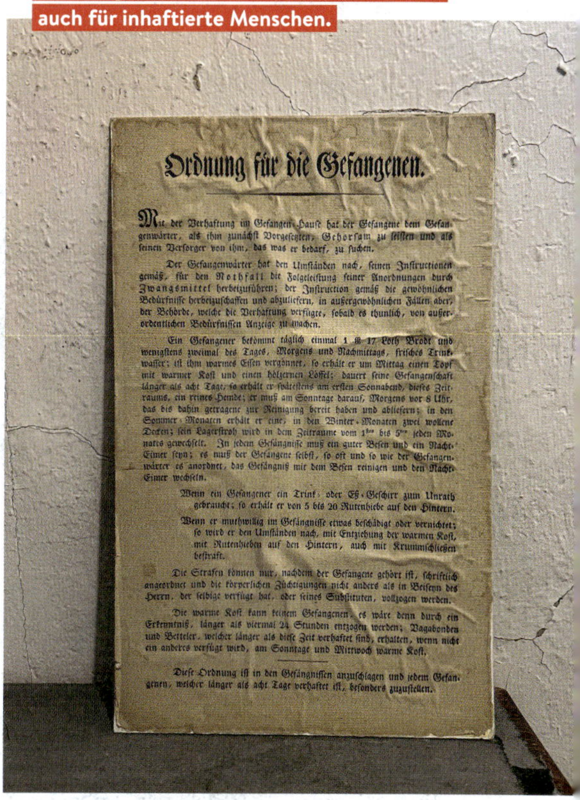

Guckloch mit Stacheln – kein Rahmen für Freiheitsgefühle …

Advokat aus der Martinistraße, ihre letzten Stunden. »Die weiten Gänge des Detentionshauses hallten wider von dem Schmerzensgestöhne, das aus tiefster Brust der Unglücklichen emporstieg. […] Unterdeß war es 7 Uhr geworden und ein verheißener nochmaliger Besuch des Geistlichen zu erwarten. Sie verhinderte dessen Eintreten dadurch, daß sie auf den Nachtstuhl verlangte und dort fast bis halb acht verweilte. Hier jammerte sie über große Schmerzen im Leibe […]. Nun kam der Polizeidiener und faßte, nebst dem Knechte, die Delinquentin unter die Arme, damit ihr stehend das herbeigebrachte Todtenkleid – ein weites weißes Gewand mit schwarzer Einfassung aus gleichen Bändern und Schleifen – schnell übergezogen werde.«

ENGE UND GESTANK Bei der einmal im Monat möglichen Besichtigung des ursprünglich erhaltenen Zellentrakts mit den mit einem Guckloch versehenen stabilen Türen muss Mensch zwangsläufig nachfühlen, wie bedrückend die einsitzenden Gefangenen die Inhaftierung empfunden haben müssen. Die Einzel- oder Zweierzellen messen jedenfalls gerade einmal 2,60 Meter Breite und 2,75 Meter Länge. Das Inventar einer Einzelzelle bestand aus einer Liege mit Strohsack, Strohkissen, Bettlaken und einer wollenen Decke, einem Hocker und Tisch sowie einem Toilettenstuhl. Die Verpflegung für eine inhaftierte Person war karg – es gab Brot und dünne Löffelspeisen aus Bohnen, Erbsen, Steckrüben, Kohl, Linsen, Wurzeln, Reis oder Graupen. Das 1828 für einen »humanen« Strafvollzug in Betrieb genommene Detentionshaus hatte Platz für maximal 100 Personen. Zu inhumanen Zeiten saßen hier allerdings mehr als doppelt so viele Menschen ein – dann mussten sich vier Inhaftierte in einer Einzelzelle aufhalten. Die Einrichtung diente bis 1996 als Gefangenenhaus, Polizeigewahrsam, Gestapogefängnis und zuletzt Abschiebehaftanstalt. Während der Nazizeit dienten die Kellerräume der Bremer Gestapo zur Unterbringung Hunderter politisch verfolgter Menschen: Sozialdemokraten, Kommunisten, Bibelforscher, Juden, Polen und andere mehr, die von hier aus dann zu den Verhören abgeholt oder in Konzentrationslager deportiert wurden. In der Dokumentationsstätte wird umfassend über das von Innenheraus und zu den Themen Gefangensein, Überfüllung, Willkür und Ungewissheit informiert.

Das besondere Erlebnis

Ein Besuch der von der Wilhelm Wagenfeld Stiftung betriebenen, wechselnden Ausstellungen ist eine Sünde mehr als wert. Wilhelm Wagenfeld (1900–1990) war einer der einflussreichsten modernen Produktgestalter der Gebrauchsgüterindustrie in Deutschland. Siehe: https://wilhelm-wagenfeld-stiftung.de

Das Detentionshaus war alles andere als ein Wohlfühlort.

Im Ostertorviertel gibt es neben vielen Lokalen auch ein Sühnekreuz zu entdecken.

10

ERST EIN, DANN KEIN HOCHVERRAT

Das Vasmer-Sühnekreuz im Ostertor

Es ist schon lange her, da wurde der Bremer Bürgermeister Johann Vasmer wegen Hochverrats hingerichtet. Es handelte sich aber um so etwas wie einen Justizirrtum.

Ort Das Vasmer-Kreuz steht im Bremer Stadtteil Mitte, Ortsteil Ostertor, an der Straße Beim Steinernen Kreuz Nr. 10. **GPS** 53.07385, 8.82061
Anfahrt Tramlinien 2 oder 3 Haltestelle Wulwesstraße, Tram 10 Haltestelle Humboldtstraße. Parkmöglichkeiten in der Umgebung.

MODERNES STADTRECHT? Am 20. Juni 1430 wurde nahe dem (1523 abgerissenen) Paulskloster vor dem Ostertor eine Todesstrafe vollstreckt, die fünf Jahre später – für das Opfer allerdings fünf Jahre zu spät – zurückgenommen wurde. An dieses denkwürdige Ereignis erinnert ein Sühnekreuz in der Straße Beim Steinernen Kreuz – schräg gegenüber dem Restaurant Küche 13. Hingerichtet wurde damals auf dem Mühlenberg beim Paulskloster der 65-jährige Bremer Bürgermeister Johann Vasmer. Und zwar aus politischen Gründen wegen Hochverrats. Leider waren die innen- und außenpolitischen Verhältnisse Bremens in der ersten Hälfte des 15. Jahrhunderts so fürchterlich kompliziert, dass selbst gestandene Historiker einige Mühe haben, sie halbwegs verständlich darzustellen. So viel ist sicher: Bremen hatte wegen seiner eigenwilligen Handelspolitik Schwierigkeiten mit den anderen Städten der Hanse. Als auf dem Hanse-Tag von 1418 erstmals eine verbindliche Satzung mit insgesamt 32 Artikeln ausgearbeitet wurde, die nicht zuletzt stipulierte, Unruhestifter in den Hansestädten müssten künftig umgehend getötet werden, entwickelte sich eine heftige innenpolitische Krise. Als die Satzung öffentlich ausgehängt wurde, steckten gegen die Regeln opponierende Bürger den an einer Säule des Rathauses befestigten Pergamentbogen kurzerhand in Brand. Weil die Bremer zudem in den Kleinkriegen mit friesischen Lokalfürsten eine ins Geld gehende Niederlage erlitten, nahmen die Unruhen immer weiter zu, jagte man den Bürgermeister Herbort Duckel aus der Stadt. Der Bürgermeister suchte jedoch Unterstützung bei Kaiser und Hanse, und Letztere ergriff für ihn auch Partei. Da sich die Proteste in Bremen immer stärker gegen das Bündnis richteten, schloss die Hanse am 27. April 1427 die Wesermetropole (nicht das erste Mal) aus. 1428 entstand eine Verfassungskrise, als ein neues Stadtrecht entworfen wurde, das die herrschende Stellung nur weniger Patrizierfamilien unterbinden sollte und die Anzahl der Ratsmitglieder halbierte. Es waren insbesondere nicht vermögende Kaufleute und Handwerker, die auf eine gleichberechtigte Teilnahme am Stadtregiment pochten. Die alten Ratsgeschlechter – unterstützt von der Hanse – verklagten daraufhin die Stadt vor dem Kaiser und erreichten die Belegung Bremens mit der Reichsacht bzw. dem Entzug der Rechtsfähigkeit. Der inzwischen tätige Bürgermeister Johann Vasmer, der bereits Mitglied des zurückgetretenen Rats gewesen war, beschloss 1430, zwischen den zerstrittenen Gruppen des alten und neuen Bremer Rats zu vermitteln, um die bedrohliche Krise beenden zu können. Das gefiel dem neuen Rat aber gar nicht. Er beschuldigte den Bürgermeister in einem fragwürdigen Verfahren des Hochverrats.

KURZER PROZESS Am 20. Juni 1430 machte das Vogtgericht unter dem zweiten Bogen der Rathausarkaden Johann Vasmer den Prozess. Er verteidigte sich, indem er auf seine Verdienste hinwies und den neuen Rat dafür kritisierte, zugleich als Kläger und Zeuge aufzutreten. Noch am gleichen Tag wurde der Bürgermeister zum Tode verurteilt und umgehend vor dem Ostertor enthauptet. Vasmers Sohn Hinrich nahm diese Schande nicht hin. Als 1433 in der Stadt zur Beendigung der Krise die alten Verhältnisse durch die »Neue Eintracht« wiederhergestellt wurden und der von den Patriziern beherrschte Rat wieder die Macht übernahm, verweigerte Hinrich die Unterzeichnung der »Eintracht«. Im Frühjahr 1435 reiste er hinter Kaiser Sigismund her, traf diesen bei Wien auch an, kniete vor ihm nieder und flehte um Gerechtigkeit für seinen Vater. Mit Erfolg. Der Kaiser forderte alle Welt auf, Hinrich Vasmer zu unterstützen. Damit gerieten auf Reisen befindliche Bremer in große Gefahr. In Hamburg wurden prompt Bremer Kaufleute eingesperrt und ihre Waren beschlagnahmt. Auf Vermittlung kam schließlich ein Vergleich zustande.

DER UNSCHULDIGE BÜRGERMEISTER
Hinrich Vasmer erreichte im Sommer 1435 mittels des Mandats von Kaiser Sigismund die Rehabilitation des Vaters, dessen Bettung in einem würdigen Grab mit der Inschrift »Hier liegt der unschuldige Vasmer« sowie umfangreiche Entschädigungsleistungen. Zudem durfte die Familie an der Hinrichtungsstätte ein Sühnekreuz errichten. Das an der Stelle der Hinrichtung für Johann Vasmer aufgestellte Schaftkreuz aus Obernkirchener Sandstein steht auf einem sechseckigen Sockel aus Sandstein. Das Balkenkreuz zeigt den Gekreuzigten und Evangelistensymbole. Auf dem Schaft sind der betende Johann Vasmer und sein Wappen zu erkennen. Die Sockelplatte trägt die umlaufende Inschrift in gotischen Minuskeln: »in deme iare unsers heren mcccc an deme xxx iare des dinxedaghes vor iohanis baptiste ward her johan vasmer borghermester hir ghedodet. biddet got vor de sele.«

»Bürgermeister Vasmer hingerichtet 20. Juni 1430.«

DAS ZWEITÄLTESTE DENKMAL IN BREMEN
Das Vasmer-Sühnekreuz steht seit 1973 unter Denkmalschutz. 1977 wurde es durch eine Replik auf dem Originalsockel ersetzt und die Skulptur im Focke-Museum (auf einer Nachbildung des Sockels) aufgestellt. Es ist nach dem Roland das zweitälteste Denkmal in Bremen.

Das besondere Erlebnis

Vom Sühnekreuz sind es durch die Wulwesstraße nur wenige Schritte zum Landweg, einer 282 Meter langen verkehrsberuhigten Straße. Sie wird von Häusern aus dem späten 19. Jahrhundert gesäumt, von denen keines aussieht wie das andere. Viel Aufmerksamkeit erregt auf der nördlichen Seite das Wohnhaus mit der Nr. 30. Es macht mit der davor zu bestaunenden Ansammlung vieler ausrangierter Gegenstände und Vehikel einen so malerischen wie verwahrlosten Eindruck. Es gehört einem Mann, der sich aus unbekannten Gründen nicht mehr darum kümmert.

Von unten fotografiert wirkt das Sühnekreuz gleich nochmal imposanter.

11

BIS ZUM LETZTEN BLUTSTROPFEN

Der Kommandobunker im Bürgerpark

Bei der Einnahme Bremens durch britisch-kanadische Truppen dienten die drei im Bürgerpark errichteten Bunker den deutschen Einheiten, Nazigrößen und Verwaltungsleuten als letzter Rückzugsort. Am späten Abend des 26. April 1945 ereigneten sich letzte heftige Schusswechsel vor dem dritten, dem versteckt liegenden Kommando-Bunker.

Ort Bremer Bürgerpark, Seite Parkallee. Auf Höhe der gegenüberliegenden Emmastraße noch ein paar Schritte Richtung Universität, dann erscheint zur Linken ein Kinderspielplatz. Hinter ihm liegt im Gebüsch der Bunker **GPS** 53.09581, 8.83309 **Anfahrt** Buslinie 22 oder Tram 8 bis zur Haltestelle Busestraße, dann wenige Minuten zu Fuß durch die Emmastraße zum Bürgerpark. Parkplätze entlang der Parkallee.

Weltkriegs-Bunker, wie dieser im Bürgerpark, zeigten nach außen hin nicht immer das Grau des Betons.

ELITE IM BUNKER Als ab dem 10. April 1945 mit dem zunehmenden Artilleriebeschuss durch britische Einheiten die letzten 17 Tage der NS-Diktatur in Bremen begannen, waren die Innenstadt, die Industriegebiete und die Häfen nach mehr als 170 Luftangriffen bereits schwer zerstört worden. 62 Prozent des Wohnraumes lagen in Schutt und Asche, mehr als 4.000 Einwohner hatten ihr Leben eingebüßt. Von den drei im Bürgerpark ab 1940 errichteten Luftschutzbunkern standen die beiden grauen und abweisend wirkenden fünfgeschossigen Hochbunker am Ostrand mit ihren jeweils rund 600 und 800 Plätzen für die Bevölkerung schon bald nach den ersten schweren Luftangriffen nur sehr eingeschränkt zur Verfügung. In dem als B31 bezeichneten Schutzbau in Höhe der Benquestraße hatten sich die Wehrmachtskommandantur und weitere militärische Dienststellen breitgemacht, im sogenannten »Regierungsbunker« B32 gegenüber der Bulthauptstraße die NSDAP-Kreisleitung sowie der Bürgermeister und der Polizeipräsident mit ihren Leuten.

SINNLOSER KAMPF Da die militärischen Befehlshaber die Kapitulation Bremens verweigerten, begannen die britischen Verbände ab dem 24. April 1945 mit der Eroberung der Wesermetropole. Als sie am 26. April den »Regierungsbunker« erreichten, ergab sich mit Werner Siber der drei Wochen zuvor abgesetzte Kampfkommandant Bremens und zugleich setzten die Briten Bürgermeister Richard Duckwitz ab. Generalleutnant Fritz Becker wiederum, der neu eingesetzte Kampfkommandant, wollte – wie auch Gauleiter Paul Wegener – Bremen »bis zum letzten

Ungebetener Besuch kann sprayen, aber nicht ins Innere des Schutzbaues.

Keine Ehrfurcht waltet vor dem mit roten Ziegelsteinen und Bögen aufgewerteten Bunker.

Wo 1945 tödliche Schüsse fielen, können die Kinder heute bedenkenlos spielen.

Blutstropfen« verteidigen lassen. Er hatte sich mit Wehrmachtsangehörigen in dem zweigeschossigen Kommandobunker im hinteren Teil des Bürgerparks verschanzt. Dessen mit roten Klinkern verkleidete Betonwände kontrastierten – wie auch die umliegenden Baracken – deutlich mit dem sich neben ihnen erhebenden Aussichtsturm. Der 26 Meter hohe Prachtbau mit Bögen und Balkonen des Architekten Heinrich Müller war 1890 mit seiner orientalischen Anmutung eine Attraktion der Nordwestdeutschen Industrie- und Gewerbeausstellung gewesen und diente den Soldaten zur Überprüfung der Lage. (Der kriegsbeschädigte Turm wurde 1962 beseitigt und durch einen Spielplatz ersetzt.) Als britische Soldaten den Turm und Bunker am 26. April 1945 abends erreichten, kam es zu heftigen Gefechten mit den hier noch ausharrenden rund hundert Wehrmachtssoldaten. Im Morgengrauen ergaben sich die Deutschen, schwiegen mit der Kapitulation des Kommandobunkers im Bürgerpark endlich die Waffen. Die Weigerung von Becker und Gauleiter Wegener, Bremen kampflos aufzugeben, hatte Ende April 1945 über 500 Zivilisten unnötig das Leben gekostet.

LAGERRAUM STATT KOMMANDOZENTRALE Der Kampf um Bremen war am

27. April 1945 offiziell beendet – neun Tage vor der bedingungslosen Kapitulation der Wehrmacht. Allerdings wurde das von britisch-kanadischen Truppen befreite Bremen – mitsamt seinen Hafenanlagen in Bremerhaven – umgehend zur amerikanischen Besatzungszone erklärt, denn die im Süden Deutschlands agierende US-Armee benötigte einen Nachschubhafen. Der im Bürgerpark versteckt zwischen Büschen und Bäumen liegende verklinkerte Bunker hat mit letzten Gefechten längst nichts mehr zu tun. Er dient dem Bürgerparkverein, der die seit 1866 bestehende und größte privat finanzierte Stadtparkanlage Deutschlands unterhält, als Lagerraum für die Gartengeräte zur Pflege des Bürgerparks.

Das besondere Erlebnis

Ein ganz verlassener Ort ist der Tiefbunker unter dem Bremer Bahnhofsvorplatz. Der ehemalige ABC-Bunker erinnert nicht nur an Nazizeit und Kalten Krieg, sondern auch an die in ihm bis in die 1970er Jahre praktizierte Unterbringung von Obdachlosen. Bei der Teilnahme an der »Bremer Bunker-Tour« kann er von innen erlebt werden. Termine unter: www.stattreisen-bremen.de

Auf den ersten Blick hin scheint hier ein normales Wohnhaus zu stehen.

12

IM VERFALL

Henrich Fockes Messerschmitt-Fertighaus

Die Elsa-Brandström-Straße ist eine Sackgasse. An ihrem Ende steht versteckt hinter Büschen und Bäumen ein verwahrlostes älteres Haus mit bemooster Fassade, morschen Fenstern und Türen. Es war das Wohnhaus von Henrich Focke (1890–1979) – dem Mitbegründer der Focke-Wulff Werke und Entwickler des ersten praxistauglichen Hubschraubers der Welt.

Ort Elsa-Brandström-Straße 45, das Haus steht am Ende dieser Sackgasse im Bremer Stadtteil Horn-Lehe **GPS** 53.09676, 8.86044
Anfahrt Tram 1 und 4. Der Fußweg beträgt eine gute Viertelstunde. Parkmöglichkeiten in der Straße.

GROSSES INTERESSE FÜR FLUGZEUGE Henrich Focke kam 1895 in Bremen als viertes Kind des Bremer Senatssyndikus Dr. jur. Johann Focke und seiner Frau Louise zur Welt. Nach dem Studium des Maschinenbaus gründete er 1924 in der Hansestadt zusammen mit seinem Studienfreund Georg Wulf und mit Werner Naumann die Focke-Wulf-Flugzeugbau, die Eindecker baute. 1926 heiratete Henrich Louise Meyer (1900–1968). Die Eheleute Focke schenkten fünf Kindern das Leben: Gustav (1927–1932), Eberhard (1930–2007), Sigrid (1935–2022), Harro (*1933) und Ingo (*1940).

INNOVATION HUBSCHRAUBER Ab 1932 entwarf und baute Focke mit dem Kollegen Gerd Achgelis Hubschrauber – 1936 hob mit der Focke-Wulf Fw 61 der erste praxistaugliche Hubschrauber der Welt ab. 1938 kamen Weltrekorde für Flugdauer, Geschwindigkeit und Höhe hinzu. Nach dem Zweiten Weltkrieg kooperierte Henrich Focke bis 1948 mit einer französischen Firma, arbeitete dann in Brasilien und entwickelte zwischen 1956 und 1961 bei Borgward in Bremen den dreisitzigen Hubschrauber Kolibri. Nach der Pleite von Borgward betrieb der bereits über 70-jährige Ingenieur bis zu seinem Tod ein Versuchslabor zur Flugzeugerprobung, den sogenannten Focke Windkanal, und beriet Luftfahrtunternehmen.

INNOVATIVES EIGENHEIM Da das Bremer Haus in der Straßburger Straße 30, das die Familie vor dem Krieg bewohnt hatte, nur noch eine Ruine war, ließ Henrich 1949 für sich und die Seinen ein Wohnhaus an der Elsa-Brändström-Straße 45 bauen. Es

Die Fensterläden benötigen neue Farbe. Aber warum sind sie geschlossen?

Sitzt vielleicht jemand hinter diesem Fenster mit den offenen Läden?

war das erste Fertighaus in der schwer zerstörten Hansestadt, das nach der Systembauweise seines Kollegen, des nicht minder berühmten Flugzeugkonstrukteurs Willy Messerschmitt, errichtet wurde. In wenigen Wochen entstand in der nach einer schwedischen Krankenschwester benannten und seit 1935 bebauten Elsa-Brändström-Straße ein zweigeschossiges Haus, bei dem die das Bauwerk bildenden Konstruktionselemente vorgegeben waren. Zu den vor Ort montierten Fertigteilen gehörten die in Massenproduktion hergestellten Tafeln aus Porenbeton und Leichtbau-Stahlprofile, die auch als Dachbinder dienten. Gedeckt wurde das Walmdach mit normalen roten Ziegeln. Als gestalterische Elemente dienten nicht zuletzt Fensterläden für die Sprossenfenster. Henrich Focke starb am 25. Februar 1979, hoch geehrt und vielfach ausgezeichnet. Das Fertighaus, in dem er bis zu seinem Tod zusammen mit seinem Sohn Ingo gelebt hatte, blieb in der Folgezeit das Zuhause seines 1940 geborenen Jüngsten. Um 2015 ging das von dichtem Gestrüpp umwucherte Anwesen in den tendenziellen Verfall über. Die »Bild-Zeitung« textete: »Putz bröckelt, Efeu wuchert über's Gemäuer, nebenan ist der Friedhof Riensberg. Ein Geisterhaus!« Ob Ingo Focke das Messerschmitt-Fertighaus zu jener Zeit noch bewohnte, wollte in der Straße niemand bestätigen. Ein Nachbar befand: »Er ist wie ein Gespenst! Man bekommt ihn selten zu Gesicht. Der Einsiedler lebt ohne Strom und Wasser, meidet Kontakt.«

EIN HAUS VERFÄLLT Seit einigen Jahren lebt – wie es scheint – niemand mehr in dem Messerschmitt-Haus des Bauherrn Henrich Focke. Ob das nach wie vor nicht speziell gesicherte Gebäude als Kulturdenkmal erhalten werden kann, steht in den Sternen.

Wer rettet das ungewöhnliche Messerschmitt-Haus vor dem Verfall?

Das besondere Erlebnis

Auf dem Weg zurück von der Elsa-Brändström-Straße zur Straßenbahn wartet unübersehbar das nach Henrichs Vater benannte Focke Museum auf Besucher. Der Senatssyndikus hatte ab 1880 mit seiner Sammlung den Grundstein für das Bremer Landes-Museum gelegt. Siehe: www.focke-museum.de. Alternativ ist – an jedem ersten Sonntag im Monat – der Besuch von Henrich Fockes Windkanal in der Emil-Waldmann-Straße 4 lohnenswert. Siehe: www.focke-windkanal.de

13

REIF FÜR DEN ABRISS

Denkwürdiges Haus in Horn-Lehe

Vor einer Villa in der Horner Heerstraße erinnerte bis 2015 ein Stolperstein an den Wehrmachtsoffizier Hans Graf von Sponeck. Als die Diskussion um seine Entfernung Fahrt aufnahm, wurde der Stein mit der Messingoberfläche gestohlen. Zudem verursachte ein heftiger Wasserschaden die Unbewohnbarkeit der Villa und sorgte ein Dachstuhlbrand für die noch bestehende Einsturzgefährdung.

Ort Horner Heerstraße 23, Horn Lehe, 28359 Bremen **GPS** 53.09577, 8.87204
Anfahrt Am besten mit Tram 1 oder 4 bis Haltestelle Horner Kirche, von dort einige Schritte bis zur Ecke Ronzelenstraße – Parkplätze in der Umgebung.

Musterbeispiel für eine geschichtsträchtige große Villa „oben Ohne“

EINE VILLA MIT GESCHICHTE Der 1913 von Nachfahren genau des Ludwig Bergfeld, der 1829 mit Gottfried Koch die legendäre Silberwarenmanufaktur Koch und Bergfeld gegründet hatte, errichtete Prachtbau blieb bis 1932 von den Bergfelds bewohnt. Dann übernahm ihn die Wehrmacht als Dienstvilla und zog mit Wilhelm Anton Souchon (1864–1946), dem Vizeadmiral a. D. der kaiserlichen Marine im Ersten Weltkrieg, ein. Vom Oktober 1934 bis Oktober 1935 nutzte sie der 1946 als Hauptkriegsverbrecher hingerichtete Wilhelm Keitel (1882–1946) zusammen mit seiner Frau Lisa. Dem damals als Generalmajor in Bremen wirkenden Offizier folgte Adolf Strauß (1879–1973), der Mitte Oktober 1935 zum Kommandeur der 22. Infanterie-Division in Bremen ernannt worden war. Als Hans Emil Otto Graf von Sponeck (1888–1944) die Infanteriedivision im November 1938 übernahm, bezog er mit seiner zweiten Frau Gertrud die Dienstwohnung. Am 20. August 1939 wurde ihr Sohn Hans-Christof von Sponeck in Bremen geboren. Der spätere UN-Diplomat entwickelte sich gut. Bei den ersten Luftangriffen auf Bremen ließ er sich laut der Mutter im Sommer 1940 »auch nicht durch die schwere Flak stören, die rechts und links nicht weit von unserem Haus steht und tüchtig ballert«. Gräfin von Sponeck lebte mit ihrem Sohn nicht lange in der Dienstvilla. Im Jahr Sommer 1941 flüchtete sie mit ihm vor den englischen Bombenangriffen in eine Jagdhütte im Umland.

VERBANNUNG Im Frühjahr 1942 verzogen die beiden, wie Hans-Christof später notierte, gezwungenermaßen in die »neue Heimat Badenweiler«. Der Grund für ihre »Verbannung aus Bremen« lag in dem mit einem Reichskriegsgerichtsverfahren geahndeten Verstoß des Generalleutnants von Sponeck. Er hatte bei Kämpfen mit der Roten Armee in der Ukraine am 29. Dezember 1941 den ihn unterstellten Truppen den Rückzug befohlen und dadurch zwar vielen Soldaten das Leben gerettet, aber zugleich gegen einen Führerbefehl verstoßen. Für dieses Verhalten wurde Sponeck am 23. Januar 1942 zum Tode verurteilt, die Strafe dann jedoch in sechs Jahre Haft in der Festung Germersheim umgewandelt. Hans-Christof besuchte mit seiner Mutter den Vater »so oft es erlaubt war, von Badenweiler aus«, bis zu dessen unerwarteter Erschießung am 23. Juli 1944. Sie erfolgte im Zuge der Vergeltungsmaßnahmen nach dem Attentat auf Adolf Hitler am 20. Juli.

STOLPERSTEIN WEG Die mutige Befehlsverweigerung des Wehrmachtsgenerals und seine Hinrichtung führten 2007 zur Verlegung eines Stolpersteins vor Sponecks ehemaliger Dienstvilla in Bremen-Horn. Als Ende 2013 aufgrund von wissenschaftlichen Arbeiten feststand, dass Generalleutnant Sponeck an Kriegsverbrechen während des Russlandfeldzugs sowie an der Judenvernichtung beteiligt gewesen war, forderte der Projektinitiator und Künstler Gunter Demnig, den Stolperstein zu entfernen. Als das schließlich 2015 geschehen sollte, war er schon entwendet worden und hatte das Amt für Straßen und Verkehr das Loch bereits wieder verfüllt.

ABWARTEN In der Villa, die nach 1945 lange das Bremer Bundesvermögensamt beherbergte, war kurzeitig eine Stiftung tätig, bevor das Haus im Oktober 2009 an ein Immobilienunternehmen versteigert wurde. Seitdem verfällt es; allerdings soll es zumindest Ideen für einen Neubau geben …

Das besondere Erlebnis

Nahe der Villa liegt in der Ronzelnenstraße ein Eingang zum einzigartigen Rhododendron-Park: www.rhododendronparkbremen.de

Am rechten Weserufer steht die erhalten gebliebene Halle der einstigen Adler-Werft.

14

STRUKTURWANDEL AUF DER ÜBERSEEINSEL

Immer entlang der Stephanikirchenweide

Seit den 1990er Jahren wächst die auf und um den zugeschütteten Bremer Überseehafen und den stillgelegten Europahafen angelegte Überseestadt heran. Auf der südlich des Europahafens direkt an der Weser gelegenen Überseeinsel entsteht ein weiteres neues Stadtquartier. Dort sollen zukünftig Wohnen, Gewerbe, Bildung, Kultur und Freizeitgestaltung möglichst CO_2-neutral ineinander übergehen. Auch auf dem Gelände einer einstigen Werft.

Ort Stephanikirchenweide 30, 28217 Bremen Handelshäfen **GPS** 53.08846, 8.76939
Anfahrt Tram 3 und 5, Bus 20 bis Haltestelle Europahafen. Noch gute Parkmöglichkeiten.

MOTIVE, WOHIN MENSCH SCHAUT Wer im Bereich der Überseeinsel auf der Suche nach ungewöhnlichen Fotomotiven ist, kommt noch jahrelang auf seine Kosten. Denn entlang der Stephanikirchenweide wird der laufende Wandel vom Gewerbe- und Industriegebiet hin zu einem urbanen Stadtquartier noch länger anhalten. Ewig werden ein noch vorhandenes Hochregallager, einige alte Gewerbebauten und größere Logistikflächen sowie die stillgelegten Eisenbahnschienen jedoch nicht mehr zu bewundern sein – wie es scheint mit Ausnahme des Bunkers der Atlas-Werke, die hier früher Schiffhilfsmaschinen herstellten und auch als Schiffbaubetrieb agierten.

WANN KOMMEN DIE BAGGER? Am westlichen Ende der – noch – auch von schweren Lastern befahrenen Straße Stephanikirchenweide erstreckt sich hinter der Hausnummer 30 ein rund 32.000 qm großes Areal, auf dem noch bis 2024 oder etwas länger »Convenience Food« produziert wird. Da die Firma Rickmers Reismühle ihr gut drei Hektar großes Grundstück an der westlichen Spitze der Überseeinsel an ein Bremer Wohnungsbauunternehmen verkauft hat, wird der geplante Neubau von 300 Wohnungen auf dem Areal wohl kaum viele Jahre auf sich warten lassen. Wobei das weitläufige Gelände, auf dem künftig nicht produziert, sondern gewohnt und geruht werden soll, einen Lost Place aufweist, der in nicht allzu ferner Zukunft von keinen Werkstoren mehr abgeriegelt sein dürfte.

RESTE EINER WERFT Zu Beginn der 1950er Jahre wurde auf dem Areal Stephanikirchenweide 30 die Adler-Werft errichtet mit Helling, Turmdrehkran, Schmiede, Maschinen- und Werkhalle. Sie war zwar nicht als Konkurrentin der beiden Großwerften AG Weser und Bremer Vulkan gedacht, hatte aber einen großen Anteil am Wiederaufbau der Seeschiffflotte der hanseatischen Argo-Reederei, die auf die Linienfahrt innerhalb Europas spezialisiert war. Eben deshalb erhielt die Adler-Werft 1957 auch eine weitere Slipanlage, auf der eine 150 Meter lange Ablaufbahn mit neun Wagen Neubauten bis zu einer Länge von 165 Metern ermöglichte. Als sie im November 1962 aufgrund mangelnder Profitabilität den letzten Neubau, die 88 Meter lange dänische Fähre »Kalle«, ablieferte, hatte sie insgesamt 23 »Pötte«, zumeist Frachtschiffe für die Argo Reederei, hergestellt. Ende des Jahres stellte die Adler-Werft die Produktion ein. 1964 wurde sie an die AG Weser verpachtet, die sie in Reparaturbetrieb Süd umbenannte. 1973 kam es zum Verkauf an den Betriebsleiter, der sie in Stephani Werft Ludwig Müller GmbH & Co KG umtaufte. Bis zu ihrem Konkurs 1977 erfolgten auf der Stephani Werft Sektionsbauten für die Konkurrenz sowie See- und Binnenschiffsreparaturen. Schließlich ging das Grundstück in den Besitz einer Speditionsfirma über, die es an eine Reparatur- und dann an eine Abbruchfirma verpachtete. 1988 erwarb die Firma Rickmers Reismühle das Gelände der ehemaligen Werft und nahm dort die Produktion auf, die 2024 ihr Ende finden wird.

UND WAS BLEIBT? Die alte markante Werfthalle direkt an der Weser und die nach wie vor bei Ebbe sichtbar ins Wasser ragenden Helgen der Slipanlage sollen laut dem Wohnungsbauunternehmen erhalten bleiben. Abwarten und Reis essen …

Das besondere Erlebnis

Schon mal in den Röhren eines ehemaligen Getreidesilos von Kellogg's übernachtet? Das ungewöhnliche Hotel John & Will liegt am Beginn der Stephanikirchenweide, am Kellogg-Pier. Mit Mini-Bag statt Mini-Bar, Bar-Ception statt Rezeption, keinem Fernseher aber schnellem Internet für Streams und Zimmerschlüssel via App. Siehe: www.ueberseeinsel.de/projekte_old/johnandwill

Nahe der Unterweser liegen ausrangierte Tonnen wie zur Reha im Grün.

Die lichtdurchflutete Halle der Adler-Werft
erfuhr eine neue Nutzung durch Rickmers Reismühle.

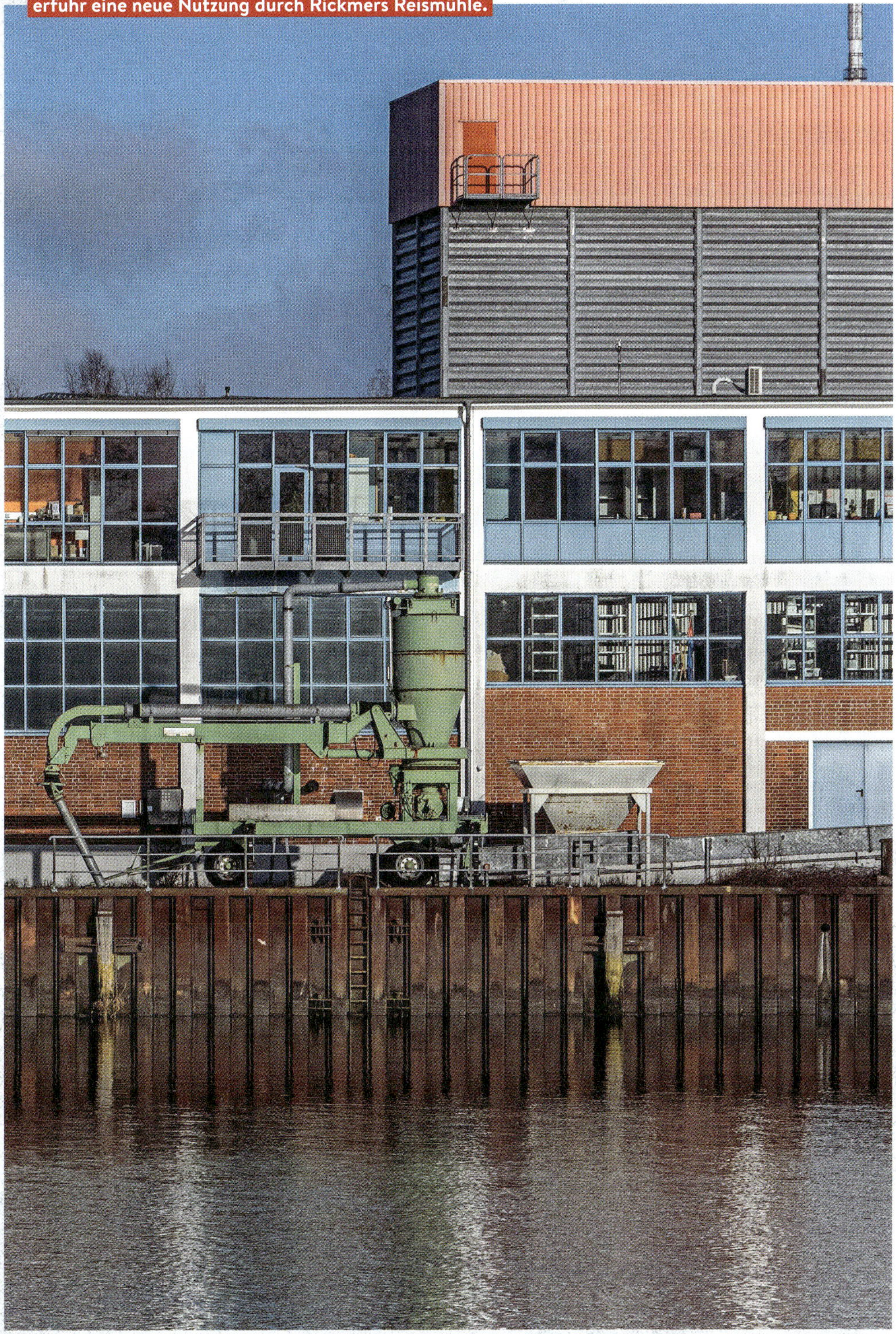

15

WO FRÜHER SCHARF KONTROLLIERT WURDE

Das alte Zollamt Bremen-Überseehafen

Von 1888 bis ins Jahr 2000 waren Teile des sich an das Stadtzentrum Bremens anschließenden Hafengebiets ein sogenannter Freihafen. In diesem zollfreien Gebiet um Europahafen und Überseehafen (1998 zugeschüttet) wurden Waren und Rohstoffe nicht nur gelöscht und gelagert, sondern auch weiterverarbeitet. Das Zollamt Bremen-Überseehafen war eine der Abfertigungsanlagen des in sich abgeschlossenen und streckenweise umzäunten Freihafengebiets.

Ort Zollamt Überseehafen, Hansator 1, 28217 Bremen **GPS** 53.08859, 8.78336, **Anfahrt** Tram 3 und 5 Haltestelle Hansator, Parkplätze vorhanden.

Liebten die Zollbeamten diese dreidimensionale Entsprechung einer Ellipse? Wer weiß.

ALS DER ÜBERSEEHAFEN NOCH BRUMMTE Der 1906 eröffnete Überseehafen war der letzte der drei Häfen, die Bremen nach der erfolgreichen Korrektur des Weserverlaufs seit 1887 hatte errichten lassen, um den lukrativen Handel und Schiffsverkehr neben Bremerhaven auch wieder in der Hansestadt zu haben. Im Zuge des Wiederaufbaus der schwer zerstörten Hafenanlagen nach 1945 entstand für den zunehmenden Last- und Personenwagenverkehr zu Beginn der 1960er Jahre das Ensemble Zollamt Überseehafen als Zufahrt zu den stadtbremischen Freihafengebieten, die bis dahin stark am Bahnverkehr hingen. Das 1964 fertiggestellte Verwaltungsgebäude mit trapezförmigem Grundriss und seinen zwei dreigeschossigen Bürotrakten samt keilförmigem Treppenhaus mit ovalem Treppenauge sowie die beiden ellipsoiden, eingeschossigen Abfertigungsgebäude mit überdachter Rampe waren typisch für den modernen Stil der damaligen Zeit.

HAFEN WEG, ZOLLAMT VERLEGT 1991 wurde der Überseehafen geschlossen, weil es durch den Siegeszug der Container keinen Bedarf mehr für ihn gab. Die zudem gutachterlich festgestellte Baufälligkeit der Kaianlagen, deren Sicherung dem Bremer Senat zu kostenträchtig erschien, führte zur Entscheidung, das Hafenbecken zu verfüllen. Das geschah 1998 mit rund 3,5 Millionen Kubikmetern Sand. In den Räumen des überflüssig gewordenen Zollamts Überseehafen taten noch bis 2006 Beamte ihren Dienst. Zu jenem Zeitpunkt war von den beiden jeweils auf einer Verkehrsinsel stehenden Gebäuden für die direkte Abfertigung der Lkws und Pkws

Das einstige Zoll-Verwaltungsgebäude mit der Riemchenfassade steht unter Denkmalschutz.

dasjenige für den Personenverkehr bereits abgerissen worden, woraufhin 2004 das Verwaltungsgebäude mit der Riemchenfassade und das ehemalige Lkw-Abfertigungsgebäude unter Denkmalschutz gestellt wurden.

TYPISCHER 1960ER LOST PLACE Der ellipsoide Baukörper des Abfertigungsgebäudes umfasst einen vormaligen Bürotrakt mit neun Räumen und eine überdachte Rampe. Das dynamisch wirkende Gebäude mit dem weit auskragenden Dach folgt dem Straßenverlauf und bildet neben einer Parkfläche für Lastkraftwagen mit der sich nach Nordwesten verjüngenden Rampe eine Art Sehnsuchts-Insel im nun zollbefreiten Raum. Was ein Wunder, dass der Verein Musikszene sie mieten und bespielen will.

Das besondere Erlebnis

Da das Zollamt Überseehafen nahe den Wohngebäuden im Stadtteil Walle lag, gab es einen eisernen Zollzaun, von dem Teile erhalten geblieben sind. Wer mit der Tram 3 oder 5 eine Station weiter zum Halt Konsul-Smidt-Straße fährt, erreicht nach hundert Metern den erhalten gebliebenen Europahafen, in dem heute Freizeitkapitäne ihre Boote festgemacht haben. Siehe: www.marina-europahafen.de

Die ehemalige Zollabfertigungsrampe
ist denkmalgeschützt offen für eine neue Zukunft.

Liebhaber koffeinfreien Kaffees wissen, welches Produkt hier beworben wird.

16

IM SÜDLICHSTEN SEEHAFEN DEUTSCHLANDS

Das ehemalige HAG-Werk

Von den ab 1887 angelegten stadtbremischen Häfen ist der um 1900 fertiggestellte Holz- und Fabrikenhafen inzwischen der älteste von Seeschiffen angefahrene deutsche Hafen. An den Beckenufern sind nach wie vor Industrie- und Gewerbebetriebe aktiv. Nur das ab 1906 vom Unternehmen Kaffee HAG bebaute Fabrikgelände wird längst nicht mehr von Tausenden Beschäftigten zur Herstellung von koffeinfreiem Kaffee und Kaba-Kakao genutzt. Seit 2018 versuchen neue Besitzer und Betreiber in dem denkmalgeschützten Gesamtensemble der Bauten ein »Areal der Zukunft« zu erschaffen.

Ort Überseestadt, HAG – Quartier, Hagstraße 3 / Fabrikenufer 115, 28217 Bremen
GPS 53.103478, 8,767192 **Anfahrt** Tram 3, Haltestelle Jadestraße, gute Parkmöglichkeiten.

MARITIMER SEEHAFENCHARAKTER MIT INDUSTRIE Im Holz- und Fabrikenhafen mit den zahlreichen noch aktiven Betrieben kann durchaus Hafenromantik aufkommen. Die Umschlaganlagen für Holz sowie den Im- und Export von Kaffee und Kakao, Futtermitteln, Getreide und anderen Schüttgütern sind für Interessierte ebenso eine Augenweide wie die große Tankanlage, an der in regelmäßigen Abständen große Seeschiffe abgefertigt werden. Im Blickpunkt steht nun die 1906/07 für Ludwig Roselius, den Entwickler des weltweit ersten entkoffeinierten Kaffees, als Eisenbetonbau errichtete Fabrik. Die vom Bremer Architekten Hugo Wagner (1873–1944) für den Entwickler und errichtete Kaffee-HAG-Fabrik ist ein prägender Bau für die damaligen Reformbestrebungen. Sie fand damals reichsweit Beachtung als Vorbild eines modernen Industriebaus im Sinne des Deutschen Werkbundes. 1914 entstand der mit Carrara Marmor verkleidete und mit Schauvitrinen im Jugendstil ausgestattete Marmorsaal für die Bewirtung wichtiger Gäste und Geschäftspartner.

HAG-PRODUKTION HOCH UND RUNTER 1907 konnte die Produktion des entkoffeinierten Kaffees beginnen – schon mit Fließbändern übrigens. 1929 erweiterte Roselius

Auf dem von der HAG AG verlassenen Fabrikgelände gibt es noch trostlose Ecken.

Das großflächige Fabrikgelände mit einigen denkmalgeschützten Gebäuden soll ein „Areal der Zukunft" werden.

die Produktion um das Kakaopulver Kaba, 1950 kam die Kaffeemarke Onko hinzu. Als 1979 Marke, Unternehmen und Belegschaft profitabel an einen US-Konzern verkauft worden waren, begann der Niedergang der Kaffee-HAG-Produktion im Holz- und Fabrikenhafen. Bereits 1987 wurde die Produktion in Bremen größtenteils eingestellt und schließlich komplett ausgelagert. 2017 wurden die letzten 50 Beschäftigten entlassen.

UNTER DENKMALSCHUTZ Die Fabrikgebäude der Kaffee HAG stehen wegen ihrer herausragenden Architektur unter Denkmalschutz. Unübersehbar ist der HAG-Turm, das weit sichtbare Wahrzeichen der ehemaligen Kaffeefabrik. Er beglaubigt nachgerade den industriellen Charme des gut 70.000 Quadratmeter umfassenden Areals, das sich gegenwärtig noch recht unbemerkt von der Öffentlichkeit tendenziell verändert. Zwar gibt es immer noch leerstehende Gebäude, aber seit einigen Jahren nimmt die Zahl der sich ansiedelnden Manufakturen und Dienstleister zu. Eine Untergesellschaft von Radio Bremen produziert im HAG-Quartier statt Kaffee immerhin den Bremer »Tatort«. Nicht zu vergessen die hier seit 2009 ansässige Lloyd Caffee Rösterei mit Laden und Kaffeehaus. Sie ermöglicht auch das Erleben des aufwändig restaurierten Marmorsaals im Rahmen eines Kaffeeseminars.

Das besondere Erlebnis

Ab 1914 entstand in mehreren Phasen am Wendebecken des Holz- und Fabrikenhafens eine europaweit lange einzigartige Getreideverkehrsanlage. Sie ist mit ihren kolossalen Dimensionen und eines aus einem Transportbändergehäuse mit Getreidefallrohren gebildeten Daches die wichtigste Landmarke im bremischen Hafengebiet.

Es gibt diverse Versatzstücke der Vergangenheit auf dem „Areal der Zukunft“.

17

MÖRDERISCH UNHEIMLICHES BAUWERK

Der U-Boot-Bunker »Hornisse«

Der nicht fertiggestellte U-Boot-Bunker »Hornisse« entstand während des Zweiten Weltkriegs auf einem neu angelegten Baudock für die ehemalige Werft AG Weser. Er sollte den Sektionsbau von U-Booten ermöglichen. Heute trägt die Bunkerdecke ein mehrstöckiges Bürogebäude nebst einem Parkplatz. An der zur »Hornisse« führenden Kap-Horn-Straße gibt es keinen Hinweis auf das Kriegsrelikt.

Ort Kap-Horn-Straße 18, 28237 Bremen **Zugang** Nach der Fassfabrik Krogemann (Nr. 14) geht es links ab auf das Firmengelände **GPS** 53.11722, 8.73531
Anfahrt Tram 3, Haltestelle Kap-Horn-Straße. Ca. 12 Min. Fußweg. Parkplätze vorhanden. Alternativ bietet sich die Inaugenscheinnahme bei einer Weser- und Hafenrundfahrt an. Siehe: www.hal-oever.de.

Einfahrt zu einem U-Boot-Bunker, der nicht fertig, aber enorm tragfähig wurde.

Stille Wasser sind tief? Das Gewässer ist Teil der Weser, Ebbe und Flut inbegriffen.

WO ANDERE LEUTE IM BÜRO ARBEITEN Seit 1969 gerät im Stadtteil Gröpelingen auf der linken Seite der Kap-Horn-Straße die weiß-blaue Fassade eines mehrstöckigen Verwaltungsgebäudes in den Blick. Die Büros darin dienen dem Speditionsunternehmen Lexzau, Scharbau & Co. Das aus dem Weserwasser ragende Fundament des Gebäudes besteht aus massiven Betonmauern, die die Erinnerung an in jeder Hinsicht menschenfeindliche Zeiten wachhalten. Zunächst sollte hier für die Deutsche Schiff- und Maschinenbau Aktiengesellschaft (Deschimag), wie die AG Weser nach dem Zusammenschluss mit anderen Werften von 1926 bis 1945 hieß, ein Trockendock mit einer Länge von 370 Metern und einer Breite von 65 Metern zum Bau von Schlachtschiffen entstehen. Als es Ende 1942 zu etwa 95 Prozent fertiggestellt war, wurde der Bau gestoppt, weil der U-Boot-Krieg der deutschen Kriegsmarine immer verlustreicher wurde und zugleich die Luftangriffe auf deutsche Werften stetig zunahmen. Eben deshalb fiel der Entschluss zum Bau von U-Booten in verbunkerten Werften. Zugleich gab NS-Rüstungsminister Albert Speer den Auftrag für die Errichtung einer großen U-Boot-Bunker-Werft mit dem Tarnnamen »Valentin«, in der die fließbandartige Endmontage von Sektionen für U-Boote vom Typ XXI erfolgen sollte (siehe Kapitel 24). Die Sektionen wiederum sollten in anderen verbunkerten Werften hergestellt und nach Bremen-Farge verschifft werden.

TÖDLICHE HORNISSE Im Frühjahr 1944 begann der Umbau des ruhenden Dockneubaus der Deschimag zum U-Bootbunker. Geplant waren eine zweigeschossige Werkstatt, drei Taktstraßen mit Montageplätzen für den Bau von drei U-Boot-Sektionen der Bootsklasse XXI, eine Reparaturhalle und ein Nassdock mit Schleusenabtrennung zur Weser. Schon bei der Errichtung des Trockendocks und dann auch bei dessen Überbunkerung kamen um die 1.200 Fremdarbeiter, KZ-Häftlinge und Kriegsgefangene aus den Konzentrations- und Arbeitslagern Neuenland, Osterort, Riespott und Schützenhof zum Einsatz. Von ihnen waren um die 1.000 aus dem KZ-Neuengamme nach Bremen verbracht worden. Die Zwangsarbeiter mussten 12 Stunden auf der Baustelle schuften, bekamen viel zu wenig zu essen und waren mit der dünnen Häftlingsbekleidung ungeschützt Wind und Wetter ausgesetzt. Die Hälfte von ihnen kam durch Erschöpfung, Hunger, Kälte, Seuchen und Gewalt ums Leben.

NACH DER BEFREIUNG Am 6. April 1945 wurden die Bauarbeiten am U-Boot-Sektionsbunker eingestellt. Die »Hornisse« war zu jenem Zeitpunkt zu einem Viertel fertiggestellt. Als britische Verbände fünf Tage später Bremen besetzten, befreiten sie um-

Beim Bau der beiden Kammern kamen ca. 1.200 Fremdarbeiter, KZ-Häftlinge und Kriegsgefangene zum Einsatz.

gehend die Zwangsarbeiter. Eine Gedenktafel am Bunker erinnert an ihr Leiden. In der Nachkriegszeit gab es mehrere Versuche, den Bunker zu sprengen, was aber misslang. Er wurde nach dem Krieg mit der Weser verbunden und steht seitdem – je nach Tide – bis zur Hälfte seiner lichten Höhe voll Wasser. 2017 wandelte sich der Bunker mit seinen zwei U-Profil-Kammern zu einem der Schauplätze der ARD-Reihe »Tatort«. Die Bremer Folge trägt den Titel: »Zurück ins Licht«.

Das besondere Erlebnis

Ein U-Boot vom Typ XXI, das von der Besatzung am 4. Mai 1945 selbst versenkt worden war, wurde 1957 gehoben und von der Bundesmarine bis 1982 als Erprobungsboot genutzt. Am 27. April 1984 erfolgte in Trägerschaft des Vereins Technikmuseum Wilhelm Bauer die »Wiederindienststellung« des Typs XXI als Museum »Wilhelm Bauer« im Museumshafen von Bremerhaven: www.u-boot-wilhelm-bauer.de

Die Devise lautete nach 1945:
klein, aber ein Dach überm Kopf.

18

ABRISSREIF IM PARZELLENGEBIET

Kleinmuseum erinnert an Kaisenhäuser

1945 wurde aufgrund der riesigen Wohnungsnot von Bürgermeister Wilhelm Kaisen das Bauen und Beziehen von Häusern in Bremer Kleingartenanlagen genehmigt. Im Kleingartengebiet Waller Feldmark verfallen mehrere dieser Kaisenhäuser und dient ein gerettetes als Museum.

Ort Bremen Waller Feldmark, Behrensweg 5A, 28219 Bremen **GPS** 53.11282, 8.80574
Anfahrt Die Buslinie 20 fährt von Bremen Europahafen zur Haltestelle Hohweg, von dort zu Fuß via Unionweg links ab in den Nachtigallweg, rechts liegt der Behrensweg. Parkmöglichkeit am Unionweg.

Der Bremer Schlüssel öffnet übrigens auch das Tor zur Welt ...

ORTE DES PRAKTISCHEN ÜBERLEBENS Die zahlreichen Bremer Kleingartenkolonien boten nach den verheerenden Zerstörungen im Zweiten Weltkrieg vielen Ausgebombten und Wohnungslosen die Chance, eine Bleibe zu finden. Und so lebten in der Hansestadt Ende der 1940er Jahre fast 70.000 Menschen »auf Parzelle«. Entweder vorübergehend in notdürftig winterfest gemachten Häuschen oder in neu erbauten kleinen Wohngebäuden, den sogenannten Kaisenhäusern. Jedenfalls konnte durch Kaisens Erlass jedefrau und jedermann ohne allzu große Rücksicht auf bürokratische Vorgaben ein 30 m² großes Behelfsheim in einem Kleingartengebiet bauen, allerdings wurden daraus dann zumeist bis zu 60 m². Immerhin war Elektrizität überall vorhanden, Wasser jedoch musste zunächst von einem Verteiler geholt werden. Ach ja: Kaisenhauseigentümer mussten an die Stadt jährlich ein »Wohnlaubengeld« von 200 Deutsche Mark (DM) entrichten.

RÜCKBAU ODER ABRISS Der »Kaisen-Erlass« wurde zwar 1949 wieder aufgehoben, dennoch wohnten Tausende weiterhin »auf Parzelle«. Zudem wurde der Bau von Behelfsheimen noch bis 1955 behördlich geduldet. Die Zeiten und Wohnverhältnisse änderten sich, als 1983 das Bundeskleingartengesetz die Regel festlegte: »Eine Laube ist mit höchstens 24 m² Grundfläche einschließlich überdachtem Freisitz zulässig. Die Laube darf nicht zum dauerhaften Wohnen geeignet sein.« Wohnen dürfen seit Längerem in einem Kaisenhaus offiziell nurmehr die Leute, die es erbaut haben, sowie deren Kinder. Wenn sie es verlassen, darf das Behelfsheim nicht wieder bezogen werden. Inzwischen werden von der Bauaufsicht mit Bewohnerinnen und Bewohnern von Kaisenhäusern gezielt Vereinbarungen über ihren Auszug und den Rückbau oder Abriss der Bauten abgeschlossen. Fast tausend dieser oft maroden Häuser stehen noch, keine 150 werden mehr bewohnt.

KAISENHAUS ALS ERINNERUNGSORT Im frühen 21. Jahrhundert fand sich ein Interessentenkreis zusammen, der nach einigem Hin und Her ein Kaisenhaus vor dem Abriss bewahren konnte und daraus ein Kleinmuseum machte. (Es hat von April bis September an Sonntagen geöffnet – siehe www.kaisenhaus.de.) Gezeigt werden Exponate aus der unmittelbaren Nachkriegszeit sowie vom Wiederaufbau der 1950er- und 1960er-Jahre und Ausstellungstafeln vermitteln die jahrelange Not, die behelfsartigen Zustände und das Lebensgefühl auf der Parzelle im Grünen. Die Ausstellung thematisiert nicht zuletzt die laufenden Maßnahmen zur historischen Tilgung der Kaisenhäuser.

Das besondere Erlebnis

Leer stehende Kaisenhäuser bereiten den Kleingartenvereinen zunehmend Probleme. Denn Parzellen mit Kaisenhäusern darauf können praktisch nicht mehr neu verpachtet oder verkauft werden, weil dann ein teurer Abriss droht. Das gilt auch für den Eigentümergarten am Ende des Marie-Specht-Wegs in Neu Schwachhausen, GPS 53.10011, 8.84190. Von der Ecke Kastanienallee / Dutzendweg aus ist ein verwunschenes und verfallendes Kaisenhaus nicht zu übersehen.

Die Zeit der Kaisenhäuser läuft erbarmungslos ab.

Auch diesem nach dem Krieg erbauten Häuschen droht der Abriss.

19

ALS DIE LOKS NOCH DURST HATTEN

Der Wasserturm am Rangierbahnhof Gröpelingen

Für manch einen Lokomotivführer und Heizer war er einst ein Gröpelinger Wahrzeichen und so etwas wie ein Willkommensgruß der Heimat – der 28 Meter hohe Wasserturm für »Lokomotivspeisewasser« auf dem Rangierbahnhof Bremen-Gröpelingen. Erbaut wurde er von 1911 bis 1915. Seit einigen Jahrzehnten verfällt der wuchtige, früher als modern empfundene Zweckbau immer mehr.

Ort Der Turm steht auf Privatgelände der DB neben dem Pappelweg, 28237 Bremen – zwischen Paradies- und Ortarioweg **GPS** 53.11969, 8.77600
Anfahrt Mit dem Fahrrad oder Auto von der Waller Str. links abbiegen auf den Pappelweg. Tram 10 bis Haltestelle Waller Straße, von dort knapp zwei Kilometer zu Fuß.

Vor den Güterzügen unserer Tage fährt bestimmt keine Dampflok.

WASSER TUT NOT Als die Königlich Preußische Eisenbahn am 1. Oktober 1915 den Bremer Verschiebebahnhof offiziell in Betrieb nahm, stand in der Rangieranlage mit rund 122 Bahngleis-Kilometern der von der Firma Paul Kossel in den Monaten zuvor errichtete Wasserturm bei Stellwerk V parat. Die Loks mussten früher zur Erzeugung von Dampf ja mit Wasser befüllt werden. Dafür standen insgesamt zwei Türme bereit, die fünf Wasserkräne speisten. Einer der beiden wurde bereits abgerissen. Gefördert wurde das Lokomotivspeisewasser aus drei bahneigenen Brunnen, wobei nach dem Hochpumpen verschiedene zusätzliche Wirkstoffe wie Soda und diverse Schutzstoffe hinzugefügt wurden. Bewirkt werden sollte vor allem das Lösen von vorhandenem Kesselstein, die Fließfähigkeit des sich bildenden Schlamms und der Schutz des Kessels vor Korrosion.

DAS ENDE EINER ÄRA Als die gut 1000 Mitarbeiter des Rangierbahnhofs Bremen-Gröpelingen 1965 das 50-jährige Bestehen feierten, sorgte nach wie vor der hohe Bedienungs-, Wartungs- und Reparaturaufwand der Dampflokomotiven für viel harte Arbeit – so mussten zum Beispiel die Kessel in regelmäßigen Abständen ausgewaschen werden, um Schlamm und Kesselstein zu entfernen. Wenn die Heizer mit dem Wasserkran den Wasservorrat der Lok ergänzten, galt es übrigens, den über das Gleis ragenden Kranausleger nach dem Wassernehmen wieder in die Ruhelage zurückzuschwingen und zu verriegeln, um

Unglücke zu verhindern. Mit dem Slogan »Unsere Loks gewöhnen sich das Rauchen ab« kündigte die Deutsche Bundesbahn 1968 das Aus für die als Dreckschleudern geltenden Dampfloks an. Sie setzte zunehmend auf Diesel- und Elektrolokomotiven, deren Wirkungsgrad erheblich besser als der der dampfenden und fauchenden Loks war. Zudem musste bei ihnen nicht alle 200 Kilometer die Fahrt unterbrochen werden, um Wasser und Kohle nachzufüllen. Nachdem die Deutsche Bundesbahn die Elektrifizierung auf dem Bremer Rangierbahnhof weit vorangetrieben hatte, ging hier die Ära der Dampflokomotiven und auch die des funktionsfähigen Wasserturms am 27. Juni 1975 endgültig zu Ende.

NIEDERGANG UND VERFALL Das Ende der Dampfloks fiel zusammen mit dem Siegeszug der Container, wodurch sich ab Mitte der 1970er-Jahre der Schiffsverkehr von Bremen nach Bremerhaven verlagerte und den Niedergang des Rangierbahnhofs selbst antaktete. Schließlich wurde 2005 die Zugbildungsanlage geschlossen und geriet die große Rangierbahnhof-Anlage bis 2011 gleichsam in den Vorruhestand. Denn seit 2011 dient der verwahrlost wirkende »Bf Bremen Rbf« für die Zusammenstellung von Autotransportzügen einer Automobillogistik-Aktiengesellschaft.

Das besondere Erlebnis

Während der Wasserturm auf der östlichen Seite des Gewirrs von Gleisen steht, liegt auf der westlichen am Mählandsweg der unübersehbare Kletterbunker Bremen. Dort kann klettern bzw. sichern, wer circa zwei Monate zuvor einen Kurs besucht hat – siehe www.der-bunker.net.

Schreit der verlassene Turm zum Himmel?

Schlimmer verunstalten lässt sich ein Wohnhaus kaum.

20

DAS IST KEINE KUNST, DAS KANN WEG

Wo Hans Koschnick aufwuchs

Bremens multikultureller, dicht besiedelter Stadtteil Gröpelingen war früher der Lebensort vieler Hafen- und Werftarbeiter. Nicht weit entfernt vom Holz- und Fabrikenhafen erhebt sich im Lindenhofviertel am Willy-Hundertmark-Platz eine überdimensionierte Schrottimmobilie, die vielen Leuten seit Langem ein Dorn im Auge ist. Eine Weile zierte das Gebäude mit den Fensterhöhlen das treffliche Banner: »Das ist keine Kunst, das kann weg.«

Ort Geeststraße 134, 28237 Bremen, **GPS** 53.11099, 8.75762
Anfahrt Tram 3, Haltestelle Goosestraße. Parkmöglichkeiten vorhanden.

KEIN KLEINER UNTERSCHIED Von einem leer stehenden Gebäude muss eine Schrottimmobilie wie die in der Geeststraße 134 strikt unterschieden werden. Aus Sicht des Bundesinstituts für Bau-, Stadt- und Raumforschung ist sie »eine nicht angemessen genutzte und zum Teil stark verfallene Liegenschaft mit Auswirkungen auf die städtebauliche Qualität eines Stadtteils, seine Erneuerung und Entwicklung«.

KLEINES HAUS WIRD GROSS Das wohl im späten 19. Jahrhundert errichtete und zunächst einstöckige Haus in der Geeststraße 134 wurde das erste Mal 1905 um mindestens ein Stockwerk erweitert. Zugleich zog eine Bäckerei ein. 1921 erwarb der im Ersten Weltkrieg invalid gewordene Maurer Heinrich Klusmeyer die Immobilie, um mit den Mieteinnahmen Frau und Kinder durchbringen zu können. Nachdem seine Tochter Johanne den gebürtigen Hamburger Dreher und Kommunisten Johannes Koschnick geheiratet hatte, brachte sie am 2. April 1929 in ihrem Elternhaus in Bremen-Gröpelingen ihren Sohn Hans Koschnick auf die Welt. Der von 1967 bis 1985 als Bremer Bürgermeiste und später als EU-Administrator international bekannt gewordene SPD-Politiker (er verstarb 2016) verlebte dann drei seiner ersten Lebensjahre in Hamburg. An die Elbe waren seine Eltern 1931 verzogen, weil Vater Johannes dort die Funktion als Gewerkschaftssekretär der kommunistischen Revolutionären Gewerkschafts-Opposition (RGO) übernommen hatte.

WIDERSTAND MIT FOLGEN Nachdem Johannes Koschnick am 1. Mai 1933 wegen der Organisation einer Maikundgebung in Altona von den Nationalsozialisten inhaftiert worden war, wurde ein Jahr später auch seine Frau Johanne wegen Kuriertätigkeiten zwischen verschiedenen Widerstandsgruppen in Untersuchungshaft genommen. Der fünfjährige Hans wurde daraufhin von seinen Großeltern Friederike und Heinrich Klusmeyer nach Bremen zurückgeholt und wuchs fortan in der Geeststraße 134 bei seinen Großeltern auf. Während der Vater des kleinen Hans wegen »Hochverrat« ins KZ Sachsenhausen verbracht wurde, um dann 1943 als »bedingt wehrwürdig« ins Strafbataillon 999 eingezogen zu werden, kam Mutter Johanne 1935 mangels Beweisen aus der Untersuchungshaft frei. (In Bewährungs- bzw. sogenannte Strafbataillone kamen ab 1941 zuvor als wehrunwürdig eingestufte Männer. Etwa die Hälfte von ihnen hat den Krieg nicht überlebt.) Aufgrund ihrer Weigerung, der Deutschen Arbeitsfront beizutreten und den

Plakette für einen der bedeutendsten Bremer Bürgermeister.

Hitler-Gruß auszuüben, verlor Johanne Koschnick sehr häufig ihre Anstellung, bis sie 1938 Arbeit als Näherin von Zeltplanen fand. Ihren Sohn Hans sah sie in jenen Jahren nur selten.

HAUS DER KINDHEIT UND JUGEND

Hans Koschnick, sagte rückblickend: »Die Jahre der Abwesenheit des Vaters und, etwas kürzer, auch der Mutter waren nicht so einfach. Ich war zwar gut aufgehoben bei den Großeltern, die mich betreut haben. Nur so an Weihnachtstagen, da spürte man, da fehlt was. Ansonsten gab es keinen Grund zum Klagen.« Da die Familie zu den »politisch Unerwünschten« gehörte, durfte Hans nicht das Gymnasium besuchen. Zu Beginn des Jahres 1944 sah er seinen Vater zum letzten Mal, der bald darauf im Krieg ums Leben kam. Nach 1945 begann Hans Koschnick eine Ausbildung zum gehobenen Verwaltungsdienst. Er wohnte weiterhin im Haus seiner Großeltern Klusmeyer, in dem seine verwitwete Mutter inzwischen eine eigene Wohnung hatte. 1950 trat er in die SPD ein und wirkte ab 1951 als Jugendsekretär der Bremer ÖTV. 1954 verließ Hans Koschnick die Wohnung in der Geeststraße, verzog ins Bremer Steintorviertel und begab sich erfolgreich auf das politische Parkett.

DIE KISTE DER KOSCHNICKS 1987 fand ein Maurer in der Geeststraße 134 bei Bauarbeiten in der Toreinfahrt eine verbeulte, mit irgendetwas gefüllte Kiste. Sie wurde ins Bremer Focke-Museum gebracht und dort vor den Augen von Hans Koschnick und seiner Frau Christine geöffnet. Sie enthielt die politische Literatur seines Vaters Johannes Koschnick aus der Zeit von dessen Sekretariatstätigkeit für die Revolutionäre Gewerkschafts-Opposition (RGO) sowie die von seinem Großvater Heinrich Klusmeyer, der ein Anhänger der sozialistischen Unabhängigen Sozialdemokratischen Partei Deutschlands (USPD) gewesen war. Die beiden hatten 1933 – wie so viele organisierte Arbeiter – nach der Machtübernahme der Nazis ihre Parteimaterialien, Fahnen und marxistischen Bücher versteckt beziehungsweise vergraben. Bei einer Hausdurchsuchung hätten die Nazi-Schergen die Sachen ja gegen sie als Belastungsmaterial nutzen können.

GEMEINGEFÄHRLICHE ZUMUTUNG

Schon wegen ihrer Größe wirkt die Bauruine in der Geeststraße wie eine gemeine und zudem gemeingefährliche Zumutung für die Anlieger der Umgebung. Eigentümer der seit Beginn der 1980er Jahre leer stehenden Immobilie wurde 1986 ein Bauschutzunternehmer. Bis zum Millennium wurden verschiedene Umbauten an dem unbewohnten zweigeschossigen Gebäude vorgenommen. Als 2001 ein Dachstuhlbrand das Satteldach total zerstörte, ließ der Eigentümer das Gebäude aufstocken – zunächst ohne Baugenehmigung, die er aber später erhielt. Dennoch versandeten in der Folgezeit nachgerade die Bauversuche und hörten 2009 völlig auf. 2019 ergab eine Begehung von der Baubehörde, dass es sich um eine Bauruine handelt, die nicht wieder zu Wohnzwecken instandgesetzt werden kann. Als 2022 der Abriss verfügt wurde, legte der Eigentümer jedoch Widerspruch vorm Verwaltungsgericht ein.

Das besondere Erlebnis

Die Bücherkiste mit der politischen Literatur von Johannes Koschnick kann im Focke-Museum, dem Bremer Landesmuseum für Kunst und Kulturgeschichte, im Raum »20. Jahrhundert« angesehen werden – www.focke-museum.de.

Das Ausrufungszeichen im Verkehrsschild sagt bereits alles.

21

GEHEN SIE ~~INS~~ ZUM GEFÄNGNIS!

Die ehemalige JVA Blockland

Die Ende 2005 geschlossene Justizvollzugsanstalt liegt auf einer Fläche von rund 18 Hektar (Umriss ehemalige Gefängnismauer) mitten im Blockland, dem größten zusammenhängenden landwirtschaftlichen Gebiet im Bundesland Freie Hansestadt Bremen. Das Grundstück ist zugewuchert, die massiven Gebäude mit den vergitterten Fenstern gammeln vor sich hin.

Ort Carl-Krohne-Straße 31, 28239 Bremen **GPS** 53.13820, 8.75367
Anfahrt Einzige Zuwegung über Schwarzer Weg und Carl-Krohne-Straße, Tram 2, 3, 10 zur Endstation Gröpelingen, von dort Bus 82 bis Haltestelle Schwarzer Weg, 1 km Fußweg. Parkmöglichkeiten gegeben.

Kein Sehnsuchtsort für Jugendliche, die gegen das Gesetz verstoßen hatten

LEER GEZOGENE LIEGENSCHAFT Die 1966 errichtete, idyllisch in Wiesenflächen gelegene JVA Blockland wurde bis Mitte des Jahres 2004 für den Gelockerten und Straf-Vollzug von Jugendlichen genutzt. Seitdem ist die Liegenschaft mit den ehemals 125 Haftplätzen und 272 Beschäftigten fast komplett leer gezogen. Geschlossen werden musste sie, weil im Jugendbereich der Anstalt viel zu wenig investiert wurde, die Politik sich zudem von den Reformbestrebungen der siebziger Jahre verabschiedet hatte. Als viele Zellen, Toiletten, Duschen sowie die Küchen in einen miserablen hygienischen Zustand geraten waren und der Vandalismus in den Räumlichkeiten aufgrund der mangelnden Aufsicht durch zu wenig Personal immer stärker zugenommen hatte, beschloss der Senat, die Anstalt zu schließen. Trotz des aufrechterhaltenen Verschlusses der Anstalt gab es ab 2006 unzählige Vandalismus-Delikte. So wurden alle möglichen Metallbauteile, Stahlrohre, Heizkörper, Kupferleitungen und Türanlagen entwendet und dabei die davon betroffene Bauwerksstruktur zusätzlich stark beschädigt. Vom Gebäudebestand sind die einstigen Zellentrakte »komplett abgängig«, zumal auch die Standsicherheit der dazugehörigen Bauwerke nicht mehr gegeben ist. Teile der ehemaligen Werkhallen werden derzeit von dem arbeitsmarktpolitischen Projekt »Blocklandgarten« genutzt. Die außerhalb der umzäunten Anstaltsfläche an der Carl-Krohne-Straße gelegenen Reihenhäuser mit den 18 Dienstwohnungen wurden Ende der 1990er Jahre privatisiert.

LOST PLACE MIT BIOGEMÜSE Die Zukunft der seit zwei Jahrzehnten stillgelegten

Am Wachturm des geräumten Gefängnisses
ist die Zeit stehen geblieben.

und verfallenen JVA-Liegenschaft ist nach wie vor ungewiss. Der 2016 untersuchte Plan, dort straffällig gewordene Jugendliche aus dem Ausland unterzubringen, scheiterte. Da das Grundstück dem Bremer Landschaftsschutzgesetz unterliegt und keine gewerbliche Nutzung zulässig ist, ergeben sich wohl am ehesten Umnutzungschancen für eine Grünflächennutzung und Naherholungsangebote für den Bremer Westen. Kaum zufällig gedeiht seit einigen Jahren der »Blocklandgarten« auf dem wieder urbar gemachten 30 Hektar großen Gelände der ehemaligen JVA-Gärtnerei. Der von Stacheldrahtrollen umgebene Außenbereich wird von einem Beschäftigungsträger

↓ Die Briefträger können hier noch Post loswerden.

↘ Kein Gefangener oder Vollzugsbeamter wird sich hier mehr aufhalten.

für langzeitarbeitslose Menschen genutzt. Der Gemüseanbau – auch in den wieder instand gesetzten Gewächshäusern – erfolgt in Bioqualität. Bienenvölker sorgen auf dem weitläufigen Gelände durch ihre Bestäubung für reiche Erträge, auf den Streuobstwiesen tummeln sich Hühner, Gänse und Schafe.

Das besondere Erlebnis

Der auf dem Gelände der ehemaligen JVA Blockland wachsende »Blocklandgarten« vom Träger bras e. V. ist offen für alle Interessierten, die einmal mitgärtnern möchten. Siehe www.blocklandgarten.de

Ein Spielplatz, der früher eine private Parkanlage war

22

AUS LOST PLACE WIRD LOST PLACE

Die Staffage – eine seltsame Turmruine

Die massiven Wohnblöcke der Grohner Düne an der Vegesacker Friedrich-Klippert-Straße wirken von außen wie eine Trutzburg und werden von ängstlichen Naturen als unheimlicher Ort wahrgenommen. Und welche Gefahren gingen von der zweigeschossigen Turmruine aus, die ihnen gegenüber auf einer Anhöhe des Kinder- und Familienzentrums Grohn steht?

Ort Friedrich-Klippert-Straße 5 **GPS** 53.16753, 8.62884
Anfahrt Regio-S-Bahn RS1 vom Bremer Hbf. zum Bahnhof Vegesack, von dort einige Schritte südlich entlang der Friedrich-Klippert-Straße. Parkmöglichkeiten in der Umgebung.
Hinweis Das Bauwerk kann nur am Wochenende betreten werden.

NUR STAFFAGE Wo heute Kinder die neogotisch wirkende Turmruine in ihre Spiele einbeziehen – womöglich als Burgfräulein und Ritter –, hat im Mittelalter mitnichten eine Burg gestanden. Denn das Gemäuer im Vegesacker Ortsteil Grohn entstand erst um 1840, als Johann Lange junior (1804–1876) das Anwesen der Familie am Alten Tief umgestalten ließ. Der älteste Sohn des erfolgreichen Schiffbauers und Werfteigners Johann Lange war mit der Tochter eines englischen Gesandten verheiratet. Da zu jener Zeit Landschaftsanlagen mit Grotten und anderen Blickfängen im Stil englischer Gärten in Mode waren, entschied sich das Paar offensichtlich für den Nachbau einer Turmruine, die reine Staffage ist. Sie sollte den Betrachter an den Verfall und die Vergänglichkeit des Daseins erinnern und ihn in melancholische Stimmung versetzen. Die unter Denkmalschutz stehende Ruine ist nahezu einzigartig, denn bundesweit sind nur wenige Staffagen erhalten geblieben.

LOST WOHNHAUS, PARK UND HAVEN HÖÖVT Vom Privatgrundstück und dem Wohnhaus der bedeutenden Vegesacker Werftfamilie Lange am Alten Tief ist nichts mehr zu sehen. Das Wohnhaus, das Mitte des 19. Jahrhunderts mit einer großzügigen Loggia zum Park hin ausgestattet war, von der aus eine freie Sichtachse auf die Turmruine ging, wurde nach mehreren Besitzerwechseln im Mai 1998 abgerissen. Dort, wo es zwischen dem Vegesacker Hafen, dem Bahnhof und den Hochhäusern der Grohner Düne stand, wurde 2003 das Einkaufs- und Erlebniscenter Haven Höövt als mit 35.000 Quadratmetern größtes Zentrum dieser Art in Bremen-Nord eröffnet. Keine zehn Jahre später (2012) war der Konsumtempel bereits insolvent und verkam zu einem Lost Place. Anfang der 2020er Jahre wurde er niedergerissen. Nur ein zur Lesum hin gelegener Teil blieb bestehen und wird seit 2019 »Kontor Zum Alten Speicher« genannt. Um 2025 wird auf dem alten Langeschen und ehemaligen Haven Höövt Gelände das neue Wohnquartier »Zum Alten Speicher« bezugsfertig sein – Polizeirevier inbegriffen.

Das besondere Erlebnis

Von der Werft der Familie Lange blieb ein Speicher erhalten, der immerhin der älteste erhaltene Hafenspeicher im Bundesland Freie Hansestadt Bremen ist. Er wurde zwischen 1814 und 1821 erbaut und steht unter Denkmalschutz. Im Erdgeschoss residiert das Geschichtenhaus, in dem Laiendarstellerinnen und -steller die Geschichte des Walfangs und das Leben des legendären Schiffbauers Johann Lange und seiner Familie nacherzählen. Siehe: https://vegesacker-geschichtenhaus.de

Der Nachbau einer Turmruine, die nie eine war

23

RIESIGES BETRIEBSGELÄNDE ADE

Seit 2009 Geschichte – die Bremer Woll-Kämmerei

Als die im Bremer Norden, direkt an der Weser gelegene Bremer Woll-Kämmerei (BWK) im Februar 2009 die Verarbeitung von Rohwolle einstellte, endete eine bemerkenswerte Erfolgsgeschichte. Das 1883 im Bremer Norden gegründete Unternehmen war Mitte des 20. Jahrhunderts immerhin das weltweit größte der Branche. Seit über einem Jahrzehnt unterliegt das weitläufige Gelände in Blumenthal heftigen Eingriffen und Veränderungen. Der Wechsel von neu hergerichteten Gewerbebauten und wie Lost Places wirkenden, teils vom Verfall gezeichneten leer stehenden Gründerzeit-Backsteinbauten ist ungemein reizvoll.

Ort Kämmerei-Quartier Bremen, Landrat-Christians-Str. / Ecke An der Wollkämmerei, 28779 Bremen **GPS** 53.181643, 8. 578190
Anfahrt S-Bahn NWBRS1 von Bremen Hbf. nach Bremen-Blumenthal, dann nur ein kurzer Fußmarsch.

Leer stehender Krempelhochbau der ehemaligen Bremer Woll-Kämmerei

EIN RÜCKBLICK Die Bremer Woll-Kämmerei wurde 1883 in Blumenthal auf einem 500.000 Quadratmeter großen Areal zwischen der Aue und der Weser angesiedelt, das gute Verkehrsanbindungen und die notwendigen Wasserressourcen durch Tiefbrunnenerschließung aufwies. Zudem gehörte das damalige Fischer- und Bauerndorf Blumenthal zur preußischen Provinz Hannover, was Vorteile hinsichtlich des Zollvereins bot (zu Bremen gehört es seit 1939). 1884 begann in der Woll-Kämmerei die Produktion mit 150 Arbeitern. Um die Jahrhundertwende wurden schon 2000 Arbeitskräfte beschäftigt, 1930 sogar 3700, darunter viele aus Polen, Schlesien und Sachsen. Mit dem Aufschwung der BWK änderten sich Ortsbild und Identität Blumenthals nachhaltig. Der Bevölkerungsanstieg stimulierte den Bau von Wohnanlagen, Schulen und Kirchen, machte die allgemeine Stromversorgung und die Einrichtung eines Kreiskrankenhauses erforderlich. 1938 unterhielt die BWK 126 Werkswohnungen. Im Zweiten Weltkrieg beschäftigte das Unternehmen immer mehr Zwangsarbeiter, 1944 fast 1200 Personen. Die Häuser, in denen sie untergebracht waren, existieren noch heute – etwa in der George-Albrecht-Straße. 1945 diente die BWK, die die Nazi-Zeit als weitgehend intaktes Unternehmen und den Krieg ohne gezielte Bombardements überstanden hatte, als Nachschublager der US-Armee. Mit 138 Arbeitnehmern nahm sie zugleich wieder die Produktion auf. 1946 arbeiteten schon wieder 3000 Beschäftigte für das Unternehmen, das ab 1956 den Ausbau der Chemiefaserproduktion vorantrieb und ein Jahr später den höchsten Belegschaftsstand mit 4950 Mitarbeiterinnen und -mitarbeitern aufwies. In jener Zeit entwickelte sich die Kämmerei zur weltweit größten ihrer Art. Ab den 1980er Jahren wandelte sich die Lohnkämmerei für fremde Rechnung in einen Anbieter von Woll-Kammzügen, Chemiefasern und Materialmischungen. Im frühen 21. Jahrhundert leitete insbesondere die veränderte Weltmarktsituation den Niedergang der BWK ein. Im März 2007 verließ die Bremer Woll-Kämmerei AG die Börse und ging in Privatbesitz über, im Februar 2009 wurde sie nach 125 Jahren geschlossen.

Die schön gestaltete Vorderfront des stillgelegten Kammzuglagers

ERINNERUNG AN DAS AKTIVE WERK
Wenn ein Schiff mit der Rohwolle den Weserhafen angelaufen hatte, wurde das Produkt mit Elektrokarren in das Sortiergebäude transportiert. Hier erfolgte die Trennung nach Feinheit und Beschaffenheit. In der Wäscherei wuschen dann die Arbeiterinnen und Arbeiter die Wolle mehrfach, um das Fett herauszulösen. Es folgte das Kämmen, bei dem pflanzliche Verunreinigungen wie Gras oder Kletten aus der Wolle entfernt wurden. Im letzten Schritt bündelten Maschinen die gekämmte Wolle zu einem Kammzug – sprich zu einem bandförmigen Strang aus glatten Fasern, der dann an Spinnereien in aller Welt zur Weiterverarbeitung ging.

NEUE ENTWICKLUNGEN Große Teile des ehemaligen BWK-Betriebsgeländes wurden

Das verlassene Kammzuglager
der einst großen Bremer Woll-Kämmerei

von der Stadt Bremen zur Entwicklung eines Gewerbegebiets übernommen. Zudem stehen seit 2012 viele Gebäude und Anlagen als Einzeldenkmale oder größere Teile der Anlage als Ensemble unter Denkmalschutz. Während inzwischen nicht mehr benötigte und geschützte Hallen und Produktionsanlagen fast vollständig abgerissen bzw. abmontiert worden sind, entwickelt in den bestehenden Gebäuden ein Branchenmix aus verarbeitendem Gewerbe und Handwerk, Produktion, Dienstleistung und Logistik. Es gibt allerdings auch noch diverse vom Zahn der Zeit angenagte Gebäude und Flächen, die gleichsam darauf warten, von der Wirtschaftsförderungsgesellschaft Bremen vermarktet zu werden.

INFORMATIVER RUNDGANG Ein Besuch des Betriebsgeländes der ehemaligen Bremer Woll-Kämmerei lohnt schon deshalb, weil dort – teils wohl noch länger gähnend leer stehende – mächtig große Backsteinbauten aus der Gründerzeit zu bestaunen sind. Etwa das 1895 errichtete Kammzuglager in der Nicolaus-H.-Schilling-Straße 4 und 8. In der Wollkämmerei wurde Schafwolle zum von Kammgarnspinnereien benötigten Halbfertigprodukt Kammzug aufgearbeitet. Der Kammzug mit den noch gekräuselten Wollen musste mit Seife gewaschen und durch Spülen vom Öl gereinigt werden. Dann erfolgten in der Kämmplättmaschine die Trocknung und das Plätten. Schließlich streckte der Finisseur den Kammzug erneut, bevor die Bandstärken auf Spulen gebracht, im Packsaal in Ballen verpackt und ins Kammzuglager transportiert wurden. Beim Gang bis zur Spundwand an der Weser wird kaum mehr erkennbar, wie es auf dem Betriebsgelände noch beim Millennium aussah – zahlreiche Produktionshallen wurden bereits abgerissen. Auch die Schienen und Weichen der Werksbahn sind verschwunden – etwa entlang der Straße An der Wollkämmerei und beim 1922 erbauten Wasserturm, wo die Lokomotive Nr. 2 von 1921 steht. An der Ecke An der Wollkämmerei 11 / Zum Kammstuhl steht in rotem Backstein und mit baufester Ausstattung im Jugendstil das 1910 errichtete dreigeschossige Lager- und Sortiergebäude. Das beeindruckende, mit aus dem Mauerwerk dringenden Wurzeln und Sträuchern noch als Lost Place wirkende Gebäude verfügt über eine Rampe, eine markante Eckausbildung und im Süden über einen Kraftwerksanbau. In diesem alten Sortiergebäude verarbeiteten früher bis zu 1000 – zumeist weibliche – Beschäftigte Schafswolle aus Übersee. Sie zerrissen das ausgebreitete Wollflies von Hand, um bessere von schlechterer Qualität bei der Rohwolle zu trennen. Der Krempelhochbau an der Straße Zum Kammstuhl – ein zum Zeitpunkt seines Entstehens hochmoderner Fabrikbau – gehört zu den ältesten erhaltenen baulichen Zeugnissen der ehemaligen BWK. In dem 1892/93 errichteten viergeschossigen Mauerwerksbau erfolgte der Produktionsschritt des Krempelns, bei dem die bereits gereinigte und getrocknete Rohwolle mithilfe

Die 1921 gebaute Dampflok diente rund 70 Jahre lang als Werksbahn.

Hier waren entweder der Zahn der Zeit oder zerstörungslustige Leute am Werk.

von Krempelsätzen maschinell gelockert, entwirrt und zu einem Flor geformt wurde. Maschinen sind aus dem Gebäude längst entfernt worden. Baumeln in dem – noch – ungenutzten Gebäude immer noch mehrsprachige Schilder von der Decke? – »Es ist verboten, die laufenden Maschinen zu reinigen!« Höchstwahrscheinlich wurde der Krempelhochbau von dem erfolgreichen Industriebauplaner des späten 19. Jahrhunderts, vom Schweizer Architekten Carl Arnold Séquin-Bronner (1845–1899), entworfen. Das bis ins Detail hinein sorgfältig und qualitätvoll gestaltete Gebäude hat jedenfalls einen hohen baukünstlerischen Wert. Weht gerade der Wind? Es gibt noch unzählige lose Glasscheiben und Glasscherben in den Rundbogenfenstern der denkmalgeschützten Bauten. Nicht zu vergessen der Fliegerhalle genannte historische Bau von 1929 an der Ecke Marschgehren / An der Wollkämmerei. Das Baudenkmal erhielt nach einem Brand 1919 ein neues Dach. Trotz vieler Ideen für die künftige Verwendung der Fliegerhalle stand sie im Frühjahr 2023 noch leer.

Das besondere Erlebnis

Nicht weit entfernt liegt in der Auestraße Bremens einzige noch erhaltene Ritterburg Blomendal. Sie geht auf das Jahr 1354 zurück. Erbauer und Bewohner waren, wie ihre Vorfahren, Raubritter. Übrigens Gesellen, die dem Bremer Handel erheblichen Schaden zufügten. Die ursprünglichen Befestigungsanlagen und der Wehrturm sind nicht erhalten. Siehe: www.burgblomendal.de

An diesem nicht komplett fertig gewordenen Betonkoloss arbeiteten bis März 1945 fast 12.000 Zwangsarbeiter.

24

FURCHTBAR BEKLEMMEND

Die Ruine des Bunkers Valentin in Rekum

In Bremen-Nord, im Ortsteil Rekum, steht an der Weser die Ruine einer U-Boot-Fabrik aus dem Zweiten Weltkrieg: der Bunker »Valentin«. Teile dieses unübersehbaren Relikts der nationalsozialistischen Rüstung für den Seekrieg können besichtigt werden. Allerdings ist die Atmosphäre beklemmend. Der Bunker ist ein Mahnmal für die Verbrechen der nationalsozialistischen Herrschaft.

Ort Bremen-Farge, Rekumer Siel, 28777 Bremen **GPS** 53.21769, 8.50600
Anfahrt Regio-S-Bahn ab Bremen-Hbf. nach Farge. Weiter mit der Bus-Linie 90 bis Haltestelle Rekumer Siel. Mit dem Auto über Autobahn A27, Ausfahrt Bremen-Nord, weiter auf A270 Richtung Vegesack, Elsfleth bis zum Ende. Weiterfahrt auf Farger Straße und Rekumer Straße in Richtung Neuenkirchen, links in das Rekumer Siel einbiegen. Parken möglich.

marine und erhielt Priorität vor anderen Vorhaben. Die Baumaßnahmen begannen im Sommer 1943. Noch während der Erdarbeiten erfolgten im Oktober 1943 bereits die Betonarbeiten. Die Baufortschritte waren – nicht zuletzt hinsichtlich der ungünstigen Rohstofflage – unglaublich schnell. In nur 18 Monaten entstanden auf einer Fläche von 35.375 m^2 die sichtbar gewaltigen Ausmaße: Länge 426 Meter, Breite Westwand 97 und Ostwand 67 Meter, Höhe bis 33 Meter, Tauchbeckentiefe 16 Meter. Die Wand- und Deckenstärke war regulär auf 4,5 Meter festgelegt, eine dann für notwendig erachtete Verstärkung auf 7 Meter erfolgte teilweise.

DER TOD ARBEITETE MIT Zum Errichten dieses Kolosses waren zahlreiche Fremd- und

PLANUNG Im Verlauf des Zweiten Weltkriegs setzte die nationalsozialistische deutsche Führung auf die verstärkte Produktion von U-Booten. Da die traditionellen Werftstandorte durch alliierte Flugzeugverbände immer stärker bombardiert wurden, beschloss sie, verbunkerte Fabriken für die Serienfertigung von Unterseebooten zu errichten. Die erste mit dem Tarnnamen »Valentin« sollte in Rekum die taktbauartige Endmontage der andernorts gefertigten Sektionen für U-Boote vom Typ XXI vornehmen und alle zwei Tage ein Boot in Dienst stellen können. Als Bunkerwerften für die Herstellung der Sektionen waren die im Bau befindlichen »Hornisse« (Bremen) und »Wenzel« (Hamburg) vorgesehen (vgl. Kapitel 17). Der Transport der dort gefertigten Sektionen wäre über den Wasserweg erfolgt.

ENORMES TEMPO Der Bunker mit dem Tarnnamen »Valentin« war eines der wichtigsten Neubauprojekte der deutschen Kriegs-

„Vernichtung durch Arbeit" ist der Titel des Denkmals beim Denkort Bunker Valentin.

Zwangsarbeiter sowie KZ-Häftlinge eingesetzt, die in verschiedenen Lagern – teils in der Nähe der Baustelle – untergebracht wurden. Im Oktober 1943 errichtete die SS in Bremen-Farge ein Außenlager des Konzentrationslagers Neuengamme, aus dem etwa 3000 Häftlinge in mehreren Transporten an die Unterweser kamen. Die meisten von ihnen stammten aus Frankreich, Polen und der Sowjetunion. Bis zum März 1945 arbeiteten an dem nicht komplett fertig gewordenen Betonkoloss insgesamt fast 12.000 Zwangsarbeiter aus allen Teilen Europas: Zivilarbeiter, KZ- und Arbeitslager-Häftlinge und Kriegsgefangene. Sie schufteten tagein, tagaus unter menschenunwürdigen Bedingungen an »Valentin«. Mehr als 6.000 von ihnen kamen während der Bauarbeiten zu Tode – aufgrund von Unterernährung, Unfällen, Krankheiten und willkürlichen Tötungen.

BAUSTOPP Ende Februar 1945 stand fest, dass der Sieg der Alliierten nur noch eine Frage von einigen Wochen war. Zugleich beschloss das Oberkommando ein U-Boot-Notprogramm und ließ die Einrichtung des »Valentin« mit den notwendigen Produktionseinrichtungen stoppen. Der große Bunker sollte fortan als Reparaturplatz der Werft Deschimag (A. G. Weser) dienen. Er war auch als Ort zum Bekleben von U-Booten mit einer Gummibeschichtung vorgesehen, die deren Sonarortung erschweren sollte. Als am 27. März 1945 ein Angriff der Royal Air Force erfolgte, richteten die Bomben schwere Zerstörungen auf dem Baustellengelände an. Zwei der 10 Tonnen schweren Grand-Slam-Bomben durchschlugen über Taktplatz 5 die 4,5 Meter dicke Decke. Damit endeten auch die Bauarbeiten am »Valentin«. Ein weiterer Angriff von Bombern der United States Army Air Forces richtete am 30. März an dem bis dahin zu gut 90 Prozent fertiggestellten Bunkergebäude – in dem rund die Hälfte der Technik bereits eingebaut war – keine massiven Schäden an.

Der U-Boot-Bunker hat Betondecken, die 4,5 Meter dick sind. Durch Bombenabwürfe entstanden diverse Löcher.

Die Schleuseneinfahrt des größten freistehenden Bunkers in Deutschland führt noch Wasser.

NACH DER KAPITULATION In der frühen Nachkriegszeit transportierten die Lieferanten ihre Materialien und Ausrüstungsteile im Bunker vom Baustellengelände ab. Von 1946 bis 1948 nutzten die britischen und US-amerikanischen Luftstreitkräfte »Valentin« als Abwurfziel zur Erprobung neu entwickelter Bomben. Da diese Abwürfe die benachbarte Siedlung stark gefährdeten, wurden die Angriffe schließlich eingestellt. Bis 1962 stand der Koloss, in dem vorsichtshalber die Kaimauer des Schleusenbeckens gesprengt worden war, leer. Dann übernahm die Bundeswehr die Anlage und baute im östlichen Teil des Bunkers eine Außenstelle des Marinematerialdepots 2 ein. Der ungenutzte Teil von »Valentin«, in dem diverse Deckendurchschläge bzw. Bombenlöcher vorhanden sind, ist der Verwitterung ausgesetzt. Die Schleuseneinfahrt führt zwar Wasser, eine Verbindung zur Weser hatte sie aber noch nicht bekommen. Der Bunker »Valentin« ist der größte freistehende Bunker in Deutschland und – nach der auch von der deutschen Kriegsmarine eingerichteten U-Boot-Reparaturwerft Brest in Frankreich – der zweitgrößte in Europa.

Das besondere Erlebnis

2015 öffnete im aufgegebenen Marinedepot des Denkortes Bunker Valentin eine Gedenkstätte mit Besucherzentrum. Begehbar ist aus Sicherheitsgründen nur der von der Bundesmarine genutzte Bereich. Der zerstörte und verwitterte Teil des Bunkers kann in einem Tunnel eingesehen werden. Interessierte können den Bunker kostenlos und legal besuchen. Auch Führungen werden angeboten. Siehe: www.denkort-bunker-valentin.de

25

MARITIME UNHEIMLICHE DINGE UND ORTE

Vom Hohentorshafen zum Lankenauer Höft

Diese schaurige Tour entlang des Hohentorshafens eignet sich am besten für Rad- oder Autofahrende. Sie führt von der Innenstadt entweder mit dem Fahrrad über die Stephani- oder mit dem Auto über die Bürgermeister-Smidt-Brücke zum Hohentorshafen. Danach geht es (für Radfahrende entlang der Weser) bis zum fast gänzlich vom Weserwasser umgebenen Lankenauer Höft. Objekte, die den ganz besonderen Reiz des dem Zerfall ausgesetzten oder Gruseligen haben, kommen dabei zwangsläufig in den Blick.

Ort Am Hohentorshafen 2 (nahe Bootswerft Maleika), 28197 Bremen **GPS** 53.076803, 8.785655; Lankenauer Höft **GPS** 53.10830, 8.73995 **Anfahrt** zum Hohentorshafen am besten per Rad oder Auto, mit Bus 24 bis Halt Bf Neustadt, dann 600 m zu Fuß durch die Ladestr. bis zum Hafenbecken; Anfahrt Lankenauer Höft am besten per Rad (entlang des Geestewegs) oder Auto, mit Bus 24 bis Halt Rablinghausen, dann gut 1,5 km zu Fuß.

Am Hohentorshafen haben Werft- und Reparaturbetriebe noch viel zu tun.

EIN SEEHAFEN ENTSTEHT Wenn der Hohentorshafen sprechen könnte, würde er stolz darauf verweisen, dass er bis Ende der 1880er Jahre einige Jahrzehnte lang die modernste und leistungsfähigste Hafenanlage in Bremen war. Und er würde hinzufügen, er hätte seine Anlageform und Anmutung mehrmals stark verändert. Da über die Geschichte des Hafens wenig und nur entlegen geschrieben worden ist, sie also gleichsam »lost« ist, folgt hier eine kurze Darstellung. Als 1842 das westliche Ende des vertieften Neustädter Grabens mit der Weser verbunden wurde, entstand an den Neustadtswallanlagen ein »Sicherheitshafen«. In ihm konnten (Segel-)Schiffe während des Winters die eisfreie Fahrtzeit abwarten. Da der Schutzhafen in der warmen Jahreszeit wie ausgestorben dalag, dauerte es nicht lange, da wurde er von findigen Reedern für das boomende Geschäft mit Auswanderern genutzt. 1851 entstand neben dem Becken ein Verwaltungs- und Abfertigungsgebäude. Hinzu kamen drei Anlegeplätze für die den Transatlantikpassagen dienenden Schiffe. Mehrere Zehntausend Emigranten schifften sich hier bis um 1870 ein. Zu jener Zeit führte die im Sommer 1867 eröffnete Eisenbahnstrecke nach Oldenburg mit Brücken sowohl über die Weser als auch über den seitlichen Teil des Sicherheitshafens, der zugleich einen Gleisanschluss erhielt. 1873 erhielt der Hafen durch den neu angelegten »Woltmershauser Canal« eine bessere Anbindung an die Weser und wurde dadurch attraktiv für Gewerbe- und Hafenbetriebe. Da das dreißig Jahre alte Becken beste Voraussetzungen für einen erweiterten Seehafenbetrieb bot, ließ die Stadt Kaimauern errichten, einen Schuppen anlegen und zwei Gaswinden sowie einen eisernen Kran aufstellen. Als 1877 die Bremer Lagerhaus-Gesellschaft (BLG) ihren Sitz am Sicherheitshafen nahm und als erstes Unternehmen Lagerung und Umschlag koordinierte, begann eine rege Zeit. Die vertraglich an die Stadt gebundene BLG errichtete weitere Schuppen und drei Lagerhäuser und schlug fortan mit mehr als sechzig Hafenarbeitern Rohstoffe

Trockengelegte Seezeichen peilen neue Ziele an, oder?

und andere Dinge um – viel Baumwolle, aber auch Dachpappe, Holz, Kaffee, Roggen, Schellack, Olivenöl und anderes mehr. Bald lagen in diesem Bremer Seehafen die Schiffe zwei- oder dreireihig an den Kaimauern. Zur Eröffnung des Bremer Freihafens I (später: Europahafen) im Jahre 1888 zog die BLG in das dortige Hafenhaus am Hafenkopf um – da sie auch den Zuschlag für den deutlich größer dimensionierten Hafenbetrieb erhalten hatte, reduzierte sie sukzessive die Geschäfte im Sicherheitshafen.

GANZ EISERN Beim Übergang in das 20. Jahrhundert erfolgte die Vertiefung des Hafenbeckens und wurde der Bereich östlich der Eisenbahnstrecke trockengelegt. (Auf der Brach- und Stellfläche zwischen der Oldenburger Bahnlinie und der Hohentorstraße entstand ab 1951 die erste Nachkriegsparkanlage.) Zugleich erregte das fortan Hohentorshafen genannte Becken in der Fachwelt einige Aufmerksamkeit, weil der Bremer Baurat Tryggve Larssen am 8. Januar 1904 das Patent für die Herstellung einer »Spundwand aus Walzprofilen von rinnenförmigem Querschnitt« erhalten hatte, die im Hohentorshafen dann 1908 auch gerammt wurde. »Eiserne Spundwände« waren viel besser als die althergebrachten hölzernen. Sie besaßen den Vorteil höherer Festigkeit und konnten in weitaus größerer Länge hergestellt werden. Hergestellt wurden sie durch die Stahl- und Walzwerke Dortmunder Union. Die größere Dünnwandigkeit und zugleich geringere Bodenverdrängung der Stahlspundwände erleichterten ihr Einbringen in das Erdreich und halfen zudem, höhere Rammtiefen und Geländesprünge zu überwinden. Die erste Larssen-Spundwand steht übrigens immer noch!

KAUM EIN SCHIFF WIRD MEHR KOMMEN Luftaufnahmen des Hohentorshafens vom Mai 1945 zeigen, dass das Umfeld des aus östlicher Sicht L-förmigen Hafenbeckens nur mehr aus einer Steinwüste bestand, in dessen unfassbarer Trostlosigkeit auf Schienen noch einige Eisenbahnwaggons stehen. Das dem Unterstrich des L entsprechende Hafenbecken, das – parallel zur Bahnlinie – im rechten Winkel bis nah an die Weser zulief, verschwand nach dem Krieg. Im Juli 1950 wurden im Zuge der Neuplanung des Areals

Die gehobene „Prenzlau“ ist auch auf dem Trockenen Orkanböen ausgesetzt.

auch die Reste des Hafenhauses von 1888 gesprengt, das die Zollbehörden beherbergt hatte. Es war 1943 bei Luftangriffen schwer beschädigt worden. Zu Beginn des Jahres hatten übrigens zahlreiche Binnenschiffe im ehemaligen Sicherheitshafen Schutz vor dem Eise gesucht, wo sie zu sieben nebeneinanderliegend das Becken füllten. Im Laufe der 1950er und 60er Jahre wuchsen auf der den Hohentorshafen umgebenden Steinwüste nacheinander zahlreiche Kontor- und Lagerräume sowie moderne Abfüll- und andere Kapazitäten aus dem Boden und erhielt die alte Hafenbahn neue Gleise. Eine größere Zahl von Betrieben betreibt inzwischen wieder die Produktion – bis hin zu hochwertigen Spezialitätenölen – oder stellt sie auch wieder ein … Holzhändler und Baustoff-Unter-

Dem stillgelegten Radar- und Kontrollturm droht kein Abriss – so will es der Denkmalschutz.

nehmen gehören ebenso zum Erscheinungsbild wie diverse Versandfirmen, ein Erotikartikelhersteller und andere mehr. Der Bremer Landesverband der Deutschen Lebensrettungsgesellschaft (DLRG) hat sich auch im Hafengebiet niedergelassen. Der lang gestreckte Hohentorshafen selbst wird nurmehr von einer Bootswerft und einem Wasserbaubetrieb genutzt. Zudem dient er einigen Sportbooten als Liegeplatz und einigen Ausflugsschiffen als Winterquartier. Ein Umschlag findet nicht mehr statt, heutzutage kreisen die Möwen ohne den verlockenden Blick auf gefüllte Schiffsbäuche über dem Wasser.

MARITIME UND GEWERBLICHE LOST PLACES Das Gewerbegebiet Hohentorshafen wirkt wie ein Dreieck. Es ist an zwei Seiten von Wasser an der dritten von Bahngleisen begrenzt. Die Straßen heißen Auf dem Dreieck, Am alten Sicherheitshafen, Am Hohentorshafen und Ladestraße. Wer sie begeht oder befährt, entdeckt quasi an allen möglichen Ecken immer wieder verlassene und schaurige Dinge und Orte – zumal für die fotografische Erforschung. Hinter einem Zaun auf dem Gelände der Firma Niemet (Auf dem Dreieck 6) liegt seit August 2021 das Wrack der 16 Meter langen »Prenzlau«. Für die Bergung des zuvor im Hohentorshafen havarierten und gesunkenen Fischkutters musste schweres Gerät eingesetzt werden, weil das leckgeschlagene Schiff gut zwei Meter tief in den Schlamm gesunken war. Was mit dem zu DDR-Zeiten gebauten Kutter passieren soll, dessen Eigner ihn zu einem Hausboot umrüsten wollte, ist nicht bekannt. Vom Hohentorshafen geht es die etwas mehr als 5 Kilometer lange Strecke – wenn möglich mit dem Rad – entlang der Ladestraße und dem Flussufer weserabwärts zum Lankenauer Höft an der Spitze der Landzunge zwischen dem Neustädter Hafen und der Weser. Im Bereich des Weseruferparks Rablinghausen locken ein Spiel- und Wassergarten sowie ein Flussbadestrand. Entlang des Uferwegs zum Höft gerät eine kleine eiserne Kogge in den Blick, die an den Fundort der Bremer Kogge von 1380 erinnert, die im Deutschen Schifffahrtsmuseum in Bremerhaven besichtigt werden kann. Später beschwören gleichsam ein Originalmast und Ladegeschirr des Weserkutters »Elsfleth 1«, eine schräg installierte Dampfmaschine aus dem 1897 erbauten Eimerkettenbagger »Hamburg« und alte Bojen längst vergangene Zeiten. Das Ziel ist der unübersehbare, 1969 errichtete Radar- und Kontrollturm, der für die Schifffahrt inzwischen »lost« ist. Er steht beklemmend leer und nutzlos unter Denkmalschutz. Der angegliederte Bürotrakt, der von 1979 bis 2016 eine Gaststätte enthielt, soll abgerissen und durch ein Event-Gebäude ersetzt werden. Im Außenbereich dürfte keine Langeweile aufkommen, locken Sommerstrand, Strandlounges, Hausboote und anderes mehr der Betreiberfirma »Lankenauer Höft«.

Das besondere Erlebnis

Hinter dem Hohentorshafen und kurz hinter der Eisenbahnbrücke liegt direkt am Weserufer der Dreimaster »De Liefde« (Auf dem Dreieck 5a). Der Windjammer mit dunkelrotem Rumpf wurde 1941 in den Niederlanden gebaut und hat eine wechselvolle Geschichte hinter sich. Seit 2003 ist er in Bremen vertäut und diente bis 2017 als Veranstaltungsschiff. Nun liegt er im Dornröschenschlaf und träumt von neuer Nutzung.

Am Uferweg zum Lankenauer Höft grüßt Metallisches aus der Vergangenheit.

Als Vorort von New York
kam Bremerhaven zu ungewöhnlicher Bekanntheit.

BREMERHAVEN

Ein zu Stein gewordener Klabautermann ohne runden Hammer ...

26

SOLANGE ER POLTERT, IST ALLES GUT

Sagenhafte Gestalt in Brunnenform: der Klabautermann

Der Klabautermann ist ein Schiffsgeist, der laut den Seeleuten im Laderaum wohnt. Dort hämmert er und besorgt das Nachstauen, zuweilen wirft er dem Aberglauben nach mit Brettern um sich. Der Legende nach sieht er wie ein Matrose aus, hat einen Kalfathammer und Pfeife. Klabauter stammt vom niederdeutschen Wort klabastern, das bedeutet poltern und lärmend umhergehen. In Bremerhaven sitzt der Kobold auf einem Poller, in dessen Ring das Tau eines Schiffs festgezurrt ist.

Ort Klabautermann-Brunnen, Van-Ronzelen-Straße 4, 27568 Bremerhaven **GPS** 53.53860, 8.57957 **Anfahrt** Vom Hbf mit den Bussen 508 oder 509 bis zum Halt Deutsches Schifffahrtsmuseum, von dort ca. 500 m zu Fuß. Parkmöglichkeiten vorhanden (gegenüber liegt der Parkplatz des Schifffahrtsmuseums.

SAGENFIGUR KLABAUTERMANN Wie heißt es gleich unter Seeleuten? »Wenn er klopft, bleibt er, wenn er hobelt, geht er.« Normalerweise bleibt der Kobold unsichtbar, und das ist auch gut so, denn wenn er an Deck erscheint, wird das Segelschiff untergehen. Zuvor warnt er noch den Kapitän und verschwindet daraufhin von Bord. Normalerweise poltert der Klabautermann im Laderaum und sorgt dabei für Ordnung, damit nichts durch die Gegend fliegt und der Rumpf nicht leck schlägt. Auch klopft er mit seinem Kalfathammer das Holz nach undichten Stellen ab, damit der Schiffszimmermann hört, wo undichte Nähte zwischen den Planken kalfatert werden müssen. Die Klabautermannskulptur in Bremerhaven schuf Hermann Joachim Pagels (1876–1959) im Jahr 1911. Der erfolgreiche Bildhauer des Realismus stellt den Hammer übrigens eckig dar, obwohl er eigentlich rund sein muss. Nicht verschwiegen werden darf, dass Pagels in der Nazizeit viele Büsten von NS-Größen schuf.

WORTE EINES GROSSEN DICHTERS Die früher mündlich von Segler zu Segler gewanderte Klabautermann-Sage kam ab 1821 auch in schriftlicher Form unter die Leute. Sie faszinierte umgehend Heinrich Heine, der sie 1826 in seinen Reisebericht *Die Nordsee* aufnahm. In der dritten Abteilung berichtet er von der Begegnung mit einem leutseligen Seemann: »Als ich nun fragte: wer der Klabotermann sei? antwortete der Erzähler sehr ernsthaft: ›Das ist der gute, unsichtbare Schutzpatron der Schiffe, der da verhütet, daß den treuen und ordentlichen Schiffern Unglück begegne, der da überall selbst nachsieht, und sowohl für die Ordnung, wie für die gute Fahrt sorgt.‹ Der wackere Steuermann versicherte mit etwas heimlicherer Stimme: Ich könne ihn selber sehr gut im Schiffsraume hören, wo er die Waren gern noch besser nachstaue, daher das Knarren der Fässer und Kisten, wenn das Meer hochgehe, daher bisweilen das Dröhnen unserer Balken und Bretter; oft hämmere der Klabotermann auch außen am Schiffe, und das gelte dann dem Zimmermanne, der dadurch gemahnt werde, eine schadhafte Stelle ungesäumt auszubessern; am liebsten aber setzte er sich auf das Bramsegel, zum Zeichen, daß guter Wind wehe oder sich nahe. Auf meine Frage: ob man ihn nicht sehen könne? erhielt ich zur Antwort: Nein, man sähe ihn nicht, auch wünsche keiner ihn zu sehen, da er sich nur dann zeige, wenn keine Rettung mehr vorhanden sei.«

VON WEGEN SCHUTZOBJEKT Die Figur des Klabautermanns steht am einstigen Schleusenwärterhaus in einer Position, die sie auf den Museumshafen schauen lässt. Bis 2019 richtete das Männlein in Stein den festen Blick auf den letzten noch erhaltenen hölzernen Frachtsegler der Welt: die »Seute Deern«. Die 1919 in Mississippi zu Wasser gelassene Bark wurde 1966 von Emden zu ihrem neuen Liegeplatz im Alten Hafen von Bremerhaven verholt. 1972 erhielt sie das Deutsche Schifffahrtsmuseum als Gründungsgeschenk von der Stadt Bremerhaven. Fortan diente die »Seute Deern« als Restaurant- und Museumsschiff. Seit der letzten Instandsetzung 1978 konnte das stets reparaturbedürftige und lecke hölzerne Schiff nur mit Pumpen schwimmfähig gehalten werden, die täglich aus dem Rumpf gut 150.000 Liter Wasser herausbefördern mussten. Nachdem im August 2019 ein Feuer auf der »Seute Deern« ausgebrochen war, fielen die Pumpen aus und sackte die Bark auf den Grund ab. Nicht auszudenken, was passiert wäre, wenn noch Leute im Restaurant gesessen hätten. Im Oktober 2019 fiel der Entschluss, den Traditionssegler abzuwracken, die Zerlegung des Rumpfs erfolgte im März 2021. Wenn sich der Klabautermann

2019 sank die Seute Deern im Alten Hafen und musste abgewrackt werden. Damit endete ein Kapitel maritimer Geschichte Bremerhavens.

blicken lässt, wissen die Seeleute, geht gerade ein Holzgroßsegler unter. Soff die »Seute Deern« im Museumshafen ab, weil seine steinerne Skulptur sich im August 2019 einen Moment lang aus der Erstarrung löste, auf dem Deck der Bark erschien und sie damit wahrlich in den Untergang trieb?

Das besondere Erlebnis

Der Klabautermann-Brunnen steht auf der Terrasse des Restaurants »Der Waterschout« (so hieß früher der Amtmann für Seemannsangelegenheiten). Das Gebäude wurde 1897 für die Wärter der ersten Kammerschleuse Bremerhavens errichtet. Naheliegend ist ein Besuch des Deutschen Schiffahrtsmuseums / Leibniz-Institut für Maritime Geschichte mit der Bremer Kogge von 1380 und vielen Schaustücken aus der Handelsschifffahrt, Fischerei und Polarforschung. Im Museumshafen können mehrere Wasserfahrzeuge in Verbindung mit den Schausammlungen des Museums besichtigt werden. Siehe www.dsm.museum

Der Richtung Alten Hafen blickende Klabautermann mit dem Richtfunkturm im Rücken.

27

EINST RUHMREICHE SCHIFFBAUUNTERNEHMEN

Überbleibsel der Rickmers- und Schichau Seebeckwerft

Im Unterwesergebiet an der Geestemündung siedelten sich ab 1800 viele Werften und Reparaturbetriebe für die Schifffahrt an. Nach der Gründung von Bremerhaven entstanden dort ab 1833 die ersten Werften. Inzwischen sind fast alle Schiffbaubetriebe verschwunden, sind nurmehr einige überwiegend im Reparaturbereich tätige Unternehmen aktiv.

Ort Portal und Turmdrehkran der Rickmerswerft, Grimsbystraße 1, 27568 Bremerhaven; Werftquartier, Riedemannstr. 1, 27572 Bremerhaven
GPS Portal 53.54779, 8.58199; Kran 53.549349, 8.560640; Werftquartier 53.52667, 8.58616
Anfahrt Vom Hbf. zu Rickmers mit Bus 505, 505, 506 zum Halt Lloydstr., dann ca. 500 m zu Fuß; Parkmöglichkeit in der Folkert-Potrykus-Str. Zum Werftquartier mit Bus 505, 506 bis Halt Georg-Seebeck-Str., dann ca. 350 m zu Fuß. Parkmöglichkeiten in der Riedemannstr.

Das noch erhaltene neugotische Eingangstor zur Rickmers-Werft von 1857

Noch verbliebene Kran- und Werftanlage der Schichau Seebeckwerft

GRÜNDUNGEN UND NAMENSWECHSEL
Ab 1825 trieb der Bremer Bürgermeister Johann Smidt (1773–1857) aufgrund der Versandung der Weser den Bau eines Seehafens an der Mündung der Geeste voran. Im September 1830 fuhr das erste Schiff in Bremerhaven ein. Bald darauf entwickelte sich Bremerhaven zu einem bedeutenden Verschiffungsort für die europäischen Emigranten. 1845 gründete das Königreich Hannover ganz in der Nähe den konkurrierenden Hafenort Geestemünde. 1924 erfolgte die Vereinigung von Geestemünde und Lehe zur neuen Stadt Wesermünde. Sie fungierte fortan als der größte Hochseehafen der preußischen Provinz Hannover. 1927 eröffnete Bremerhaven die legendäre Columbuskaje nebst -bahnhof für den Linienschiffverkehr. Unter den Nazis verschwand 1939 der Name Bremerhaven durch die Eingliederung in die Stadt Wesermünde von der Landkarte. Als 1947 die Neukonstituierung des Landes Freie Hansestadt Bremen erfolgte, wurde Wesermünde in Bremerhaven umgetauft. Von 1945 bis 1993 diente die Seestadt der US-Armee als Versorgungshafen, eine Zeit lang hatte sie den größten Fischereihafen Europas, heutzutage ist er der größte fischverarbeitende Produktionsort in Deutschland. Der in den 1970er-Jahren erbaute Container-Terminal Bremerhaven ist mit seiner fast fünf Kilometer langen Stromkaje eines der längsten zusammenhängenden Kajen-Bauwerke der Welt.

WERFTGRÜNDUNGEN UND -SCHLIESSUNGEN 1833 eröffnete F. W. Wencke die erste Werft in Bremerhaven, ein Jahr später

Clasen Rickmers die zweite. Es folgten die Werftgründungen von J. Lange und C. Lange, Joh. C. Tecklenborg, Schau & Oltmanns, H. F. Ulrichs, M. Sieghold und anderen. Nach zahlreichen Werftkrisen ist nurmehr die 1857 als Werkstatt der Reederei Norddeutscher Lloyd entstandene Lloyd Werft noch im Spezialschiffbau und Umbaugeschäft aktiv. Auf Schiffsreparaturen spezialisiert sind die Betriebe Bredo und German Dry Docks.

Der als Industriedenkmal erhaltene Kran der Rickmers Werft von 1956

EIN KRAN BLIEB An den traditionsreichen Schiffbaubetrieb Rickmers, der 1857 die Werftanlagen an die Geeste in der Nähe der heutigen Agentur für Arbeit verlegt hatte, erinnern noch der Werftkran und das steinerne neugotische Portal vor dem ehemaligen Werftplatz auf der Geesthelle. Der unten am Fluss stehende 35,5 Meter hohe und über eine Tragkraft von maximal 20 Tonnen verfügende Turmdrehkran wurde 1956 von einer Maschinenbau-Firma in Bremerhaven-Lehe gebaut. Die 1986 geschlossene Rickmers-Werft entwickelte sich in der zweiten Hälfte des 19. Jahrhunderts zu einem führenden Schiffbauunternehmen. Zudem engagierte sich die Familie im Reedereigeschäft, sodass die Werft bis zum Ersten Weltkrieg überwiegend für den Eigenbedarf fertigte. Ab den 1870er Jahren kam der Betrieb der Rickmers Reismühle in Bremen hinzu. (Vgl. Kapitel 14: Strukturwandel auf der Überseeinsel.) Am Ende des 19. Jahrhunderts entstanden auf dem Werftgrundstück an der Geeste zunehmend eiserne Dampf- und Segelschiffe nach englischem Vorbild. 1924 stellte die Familie Rickmers das schwierig gewordene Schiffbaugeschäft ein, nahm es ab 1937 jedoch – auch mit Fahrzeugen für die Marine – wieder auf. Nach dem Zweiten Weltkrieg stellte die Werft vor allem Frachter, Fischtrawler und RoRo-Schiffe her. 1967 erfolgte ihre Verlegung von der engen Geeste auf ein neues Gelände im Fischereihafen. 1986 schlossen sich nach 152 Jahren die Werfttore für immer.

DIE KRÄNE SOLLEN BLEIBEN Ein zweites Leben als Industriedenkmal erhalten wohl auch die vier Werftkräne, die beiden Docks und der Helgen der 2009 geschlossenen Schichau-Seebeck Werft. Sie sollen nach der Umgestaltung des Geländes zum klimaneutralen »Werftquartier« an die vergangene Ära des Schiffbaus in Bremerhaven erinnern. Die Geschichte der Werft ist durch mehrere Fusionen, Insolvenzen und Neugründungen geprägt. Sie begann mit Georg Seebeck, der 1876 in Geestemünde seine Firma gründete.

Der Werftkran der ehemaligen Schichau Seebeckwerft wirkt noch stark.

Er stellte ab 1879 Barkassen aus Eisen her. Ab 1891 erwarb die durch den Bau von Fischdampfern zunehmend erfolgreiche Seebeckwerft an der Geeste gelegene Dock- und Werftplätze, zog dann aber 1910 auf das neue Werftgelände mit Baudocks und Helgen im Fischereihafen. 1928 wurde die Seebeckwerft Teil des Großkonzerns Deutsche

Die Zeit der großen Stapelläufe auf der einstigen Schichau Seebeckwerft ist längst vorbei.

Schiff- und Maschinenbau Aktiengesellschaft (Deschimag) und umgetauft in AG Weser, Werk Seebeck. Nach der Auflösung der Deschimag Ende 1945 nahm der weiterhin zur AG Weser gehörende Betrieb in Bremerhaven wieder den Namen Seebeckwerft an. Nach der Schließung der AG Weser Ende 1983 kam die Werft unter die Kontrolle des Bremer Vulkan und fusionierte 1988 mit der Schichau Unterweser AG zur Schichau Seebeckwerft. Der Konkurs des Bremer Vulkan erfasste 1996 umgehend auch die Schichau Seebeckwerft. Während der Reparaturbetrieb als BREDO (Bremerhavener Dockgesellschaft) in einem anderen Hafenbecken verselbstständigt wurde, etablierte sich auf dem angestammten Gelände 1998 die Neugründung SSW Fähr- und Spezialschiffbau. Dieser Betrieb fertigte vor allem Sektionen für Neu- und Umbauten sowie die Fähren »Nils Holgersson« und »Peter Pan«, musste jedoch im Herbst 2002 Insolvenz anmelden. Als Nachfolger trat 2003 die Firma SSW Schichau Seebeck Shipyard an, die dann zwei eigens entwickelte Containerfeederschiffe ablieferte, bevor sie 2008 von einer Investorengruppe gekauft wurde, die den Betrieb zwar weiterführen wollte, aber kurz darauf Insolvenz anmelden musste. Ende Juli 2009 kam das endgültige Aus. Seitdem verfällt das Werftareal in einen immer trostloseren Zustand.

Das besondere Erlebnis

Das auf dem Gelände der einstigen Schichau Seebeckwerft geplante »Werftquartier« soll den Lost Place in einen modernen, mehr oder weniger autoabstinenten Stadtteil verwandeln. Vorgesehen sind die konsequente Nutzung von Abwärmepotenzialen und solare Wärme- und Stromerzeugung. Das neue Quartier soll Tausende neue Arbeitsplätze bereitstellen und rund 6.000 Menschen hochwertiges, aber auch bezahlbares Wohnen ermöglichen. Siehe: www.werftquartier-bremerhaven.de

Das Wencke-Dock mit dem alten Tor an der Geeste gilt als die Wiege des Schiffbaus in Bremerhaven.

28

NEUARTIGE REPARATUR-ANLAGE VON 1844

Das Wencke-Trockendock

Infolge des aufstrebenden Überseeverkehrs mussten in Bremerhaven und Geestemünde im Laufe des 19. Jahrhunderts neben Neubau- auch ausreichende Reparaturkapazitäten geschaffen werden. Schon früh erfolgte die Anlage von Trockendocks, um Schiffe tideunabhängig auch unter der Wasserlinie reparieren zu können.

Ort Wencke Dock, Deichstraße 15, 27568 Bremerhaven **GPS** 53.54017, 8.58481
Anfahrt Vom Hbf. Busse 502, 504, 505 bis Halt Hochschule Bhvn., von dort ca. 210 Meter zu Fuß. Parkmöglichkeit in der Deichstraße.

BLOSS NICHT NASS WERDEN Ein Lost Place ersten Ranges ist das an der Geeste erhaltene Trockendock des Schiffszimmerbaas Friedrich Wilhelm Wencke, das seit 1945 von keinen reparaturbedürftigen Schiffen mehr angelaufen wird. Wenckes Werft war 1833 die erste Neugründung eines Schiffbaubetriebs in dem jungen Hafenort Bremerhaven. Mit der dazugehörenden Reederei spielte die Werft in den folgenden Jahrzehnten im Schiffbau und in der Schifffahrt eine große Rolle. Auf der Werft entstanden sowohl der erste deutsche Seeraddampfer und Fischdampfer als auch Polarforschungsschiffe. Das erste Trockendock im Unterweserbereich ging 1840 in Betrieb. Bauen ließ es der Vegesacker Werftbesitzer Johann Lange für seinen Reparaturzweigbetrieb in Bremerhaven. Es ist nicht erhalten geblieben. Das zweite Trockendock entstand um 1844 auf dem Werftgelände von Friedrich Wilhelm Wencke an der Geeste. Und dieses alte Technikdenkmal steht nun im Fokus, denn Überreste dieser 4,8 m tiefen Anlage sind erhalten geblieben. Die Restaurierung machte 1979 die Dimensionen des historischen Trockendocks von rund 90 Metern Länge, 35 Metern Breite und 15 Metern Docktorbreite wieder sichtbar, indem die alten Dockmauern instand gesetzt wurden. Das Innere des verfüllten Docks ist seitdem mit Rasen begrünt. In diesem Bereich erhebt sich auch das obere Teil des original erhaltenen Docktors aus der Mitte des 19. Jahrhunderts. Es ist mit einer Erläuterungstafel versehen.

NACH ENGLISCHEM VORBILD Da der Flusslauf der Geeste eng und mäandernd verlief, waren für tideunabhängige Reparaturen von Schiffen im Unterwasserbereich

Blick in das Wencke-Trockendock mit dem verfüllten und begrünten Bereich.

Relikte des eisernen Docktor-Schiffes von 1860, durch das die Schiffe mussten

technisch aufwendige Trockendocks nach englischem Vorbild alternativlos. Die am rechten Ufer der Geeste um 1844 gebaute Trockendockanlage der Wencke-Werft hatte hölzerne Dockwände und war 52 Meter lang und 32 Meter breit. Die Einfahrtsbreite betrug 11 Meter. Als der Schiffbaupionier F. W. Wencke 1859 starb, übernahmen seine Frau Gesine und sein Schwiegersohn Albert Rosenthal die Werft, wobei Gesine Wencke als erste Großunternehmerin Bremerhavens die Entscheidung traf, das Trockendock zu erweitern. 1860 wurden die hölzernen Wände durch solche aus Muschelkalk- und Ziegelsteinen ersetzt, zudem erhielt die Anlage eine zusätzliche 81 Meter lange Kammer und wurde die gemeinsame Toreinfahrt auf 15 Meter verbreitert. Technisch besonders innovativ war damals die Verwendung eines schwimmenden Hebepontons.

LANGE GENUTZT, AB 1977 RESTAURIERT

Im Jahr 1900 wurde die Werft F. W. Wencke an den Konkurrenten Georg Seebeck verkauft. Und damit wechselten auch die Doppeltrockendocks für zwei nebeneinanderliegende Schiffe den Eigentümer. Die in der Ziegelsteinmauer eingelassene Inschrift mit den Namen Wencke und Rosenthal aber blieb bestehen. Bis 1945 blieb die Trockendockanlage in Betrieb, dann erfolgte ihre Füllung mit Trümmerschutt. Seit der 1979 fertiggestellten Restaurierung bezeugen die erhaltenen Umfassungsmauern die beachtlichen Dimensionen des Doppeldocks.

Das besondere Erlebnis

Direkt gegenüber des Wencke-Docks liegt auf der anderen Seite des Flusses das Historische Museum Bremerhaven (An der Geeste, 27570 Bremerhaven: mit Parkplätzen). Darin präsentiert die Abteilung »Werften und Schiffbau« nicht nur alle wichtigen Arbeitsplätze einer historischen Werft, sondern auch das detailreiche Modell der Wenckewerft samt Doppeldock um 1869. Siehe: www.historisches-museum-bremerhaven.de

Von der Geeste aus kann kein Schiff mehr ins Wencke-Dock kommen …

29

HAFENKLAUSE MACHTE DIE SAUSE

Die Lokalruine am Kaiserhafen

Ein Gebäude, das vermutlich Ende der 1940er Jahre auf bremischen Boden im Hafengebiet von Bremerhaven errichtet wurde und viele Jahrzehnte als Restaurant diente, hat kein Dach, keine Fenster und keine Inneneinrichtung mehr. Wind, Wetter und Menschen haben der ehemaligen Lokalität heftig zugesetzt.

Ort Franziusstraße 90 am Kaiserhafen, 27568 Bremerhaven **GPS** 53.56852, 8.56263
Anfahrt Vom Hbf. mit Bus 502, 505, 506 bis Halt Rotersand, von dort 1,3 km zu Fuß; Parkmöglichkeiten vorhanden.

In diesem Gebäuderest lässt sich kein Tisch mehr buchen und nichts bestellen.

Die Außenmauern der einstigen „Panorama Bucht" – von wegen: „Partyservice"

FRÜHER BELIEBT? Wann das Gebäude, von dem nur noch die Hülle steht, genau entstanden ist, ließ sich nicht ermitteln. Vermutlich noch im oder bald nach dem Zweiten Weltkrieg (denn es ähnelt der links liegenden »letzten Kneipe vor New York«). Anzunehmen ist, dass die erste Restauration im Laufe der 1960er Jahre in das Anwesen Einzug hielt. Sie hieß »Hafenklause« und hatte einer alten Postkarte zufolge ein Klubzimmer, ein Büfett und ein Gastzimmer. Das Restaurant war im Stil der 1960er Jahren mit schlichtem Holzmobiliar ausgestattet. Die zweite Karriere der Lokalität lief unter dem Begriff »Hafenrestaurant«. Es soll beliebt gewesen sein, hielt sich aber auch nicht ewig.

DIE BUCHT MACHTE SCHLUSS Das 21. Jahrhundert begann am Kaiserhafen mit der Neueröffnung des Restaurants »Fisherman's Wharf«. Nun gab es in der Franziusstraße 90 statt deutscher Hausmannskost »Philippinische Genüsse«. Allerdings nur einige Jahre, bis dann ein weiterer Betreiber sein Glück mit dem »Bananaport« versuchte. Der Name der Gaststätte war eine Anspielung auf die Bananenpier auf der Westseite des Hafenbeckens, wo von 1926 bis 1983 ein großer Teil der von Deutschen georderten Bananen angelandet worden war. Die Speisekarte lockte mit »Rotbarschfilet in Zitronenbutter gebraten mit großer Salatplatte«. Die letzte Umfirmierung verwandelte die Lokalität in die Bar und das Café »Panorama Bucht« – mit »Russisch Europäischen Spezialitäten« und einem »Partyservice«, wie das noch hängende Schild mitteilt. Da das Catering aus dem Zollfreigebiet heraus bei jeglicher Verbringung mit vielen Formularen verbunden war, erwies sich diese von den Betreibern erhoffte Einnahmechance als Reinfall. Schließlich gab im zweiten Jahrzehnt

Wo früher die Küche eingerichtet war, lässt sich noch erahnen. Ansonsten: Trostlosigkeit.

des neuen Jahrtausends ein Sturm der Bar den Rest, als er das hoffnungsvoll aufgebrachte neue Dach aus dünnem Blech wegfegte.

HOHLER GEBÄUDEREST Seit einigen Jahren verfällt das Gebäude mit dem ohne jegliche Bedeckung verbliebenen Dachbalkengerippe. Innen gibt es Holz- und andere Reste, über die mensch stolpern kann, hängen über einigen Fensterhöhlen noch Jalousien und ist der Küchenraum leicht zu erkennen. Jedenfalls bezeugen gelbe Kacheln und die Stelle eines längst abmontierten Dunstabzugs, dass hier nie mehr gekocht werden wird. Eine kleine Holzklappe zur Außenwand ist ziemlich blau, obwohl die Lage des ehemaligen Schanktresens nur vermutet werden kann.

Das besondere Erlebnis

Der gleich nebenan in der Franziusstraße 92 lockende »Treffpunkt Kaiserhafen« ist eine maritime Restauration, die den Besuch absolut lohnt. Alles an und in dieser »letzten Kneipe vor New York« kommt aus der Seefahrt und ist original: vom ausrangierten Dieselmotor, Schiffsglocken, Buddelschiffen und einer Schwimmweste der »Bremen« bis hin zu Tischen mit Sicherheitskante, Schiffslaternen und Schiffsmodellen. Neben dem langen Tresen posieren ein alter Taucheranzug mit Bronzehelm, ein Rettungsring der »Polarstern« und eine lächelnde Galionsfigur. Uriger kann eine Restauration schwerlich sein. Siehe: https://treffpunktkaiserhafen.de

Vernachlässigte und leer stehende Gründerzeitgebäude sind deprimierend.

30

GEFÄHRDETE ARCHITEKTUR AUS DER GRÜNDERZEIT

Leer stehende Altbauten im Goethe-Quartier

Im Stadtteil Lehe von Bremerhaven liegt das architektonisch wertvolle Goethe-Quartier, das anders als andere Teile der Stadt im Zweiten Weltkrieg nicht zerstört wurde. Es gilt seit vielen Jahren als sozial problematisches Viertel mit vielen kinderreichen Familien und weist trotz politischer Gegenmaßnahmen noch so einige Schrotthäuser auf.

Ort Körner- und Lutherstraße; das Goethe-Viertel liegt rund 3,5 km vom Hauptbahnhof entfernt **GPS** 53.55837, 8.57853; 53.555668, 8.578209
Anfahrt mit dem Bus 502 vom Hbf. bis Ernst-Reuter-Platz, dann 500 Meter zu Fuß; mit dem Auto über B212 ca. 2,2 km bis Körnerstraße, Parkmöglichkeiten gegeben.

STADT IM WANDEL Bremerhaven war einst der größte Auswandererhafen Europas, der größte Fischereihafen Europas, Stammsitz einer der größten Reedereien und bedeutender Werften. Diese Superlative gehören bedingt durch Niedergang und Krisen längst der Vergangenheit an. In den vergangenen 50 Jahren geriet Bremerhaven – auch durch den Abzug der amerikanischen Streitkräfte – in große wirtschaftliche und soziale Probleme. Zudem verlor die Stadt bis heute gut 40.000 Einwohner. Geblieben sind jedoch – insbesondere im Goethe-Quartier – rund 500 Gründerzeithäuser, die aus der »guten alten Zeit« der Seestadt um die vorletzte Jahrhundertwende stammen. Die Figuren an den Außenfassaden, die herrlichen Stuckarbeiten und Rundbögen sind mehr als eines Blickes wert.

MIT DER GESTALTUNGSSATZUNG IN DER HAND Nach wie vor gibt es teils sehr marode Gründerzeitgebäude, an denen der zwischenzeitliche Niedergang Bremerhavens deutlich abzulesen ist. Dem Himmel sei Dank schützt inzwischen eine Erhaltungssatzung Hausfassaden und Ortsbilder, die zwischen 1890 und 1945 entstanden sind. Ohne Genehmigung darf nichts mehr gebaut, verändert, abgeschlagen oder gar abgerissen werden. Auch kann die Stadt mitentscheiden, welche Fenster, Türen, Dächer eingesetzt werden und in welchen Farben die Häuser gestrichen werden.

KRATER- UND ANDERE KLÜFTE Im Bereich Kistner-, Körner- und Lutherstraße stehen noch einige arg sanierungsbedürftige Gründerzeithäuser mit jeweils acht und mehr unbewohnbaren Mietwohnungen. Die teils seit vielen Jahren vergammelten Immobilien haben verbarrikadierte Türen, gleichsam dahin vegetierende Klingelschilder und traurige Fenster, abgebrochene Balkone, unter Wasser stehende Keller und hinten Kraterklüfte, aus denen Büsche sprießen. In den Wohnungen gibt es Tapeten nur mehr in Form von Fetzen und keine Armaturen mehr, sind Waschbecken, Toiletten und Lichtkabel zerstört oder rausgerupft, bedecken Putzteile, Schutt- und Sperrmüllhaufen

Von außen noch ansehnlich, aber von innen? Es gibt noch viel zu retten und tun.

Klingel drücken, Post einwerfen? Fest steht: Offiziell wohnt hier kein Mensch mehr.

die über 120 Jahre alten Holzdielen, sofern sie nicht auch rausgerissen wurden.

SANIEREN BITTE Seit dem Beginn des 21. Jahrhunderts sucht und unterstützt die Stadt Bremerhaven verstärkt sanierungswillige Investoren und Wohnungsgesellschaften. Allmählich erfolgt die Rettung der notleidenden Gründerzeithäuser im Goethe-Quartier. Unterstützt vom Stadtteilmanagement, von Bürger-Initiativen und Aktiven aus der kreativen Szene werden immer mehr Gebäude wieder bewohnbar gemacht und ansehnlich herausgeputzt. Mit dem Vorkaufsortsgesetz hat Bremerhaven zudem ein bundesweit beachtetes Rechtsinstrument gegen zu viele verwahrloste Gebäude geschaffen, mit dem sie dem Spekulantenkreislauf entrissen werden können. Konkret hat die Stadt Bremerhaven die Möglichkeit, in Kaufverträge von Immobilien einzusteigen, bei denen aus bauordnungsrechtlicher und städtebaulicher Sicht ein dringender Handlungsbedarf besteht. Allerdings sind die Besitzverhältnisse teils so verworren, dass sich ein Ankauf viele Jahre lang verzögern kann. Auch gibt es Verhandlungspartner, die extrem schwierig sind bzw. alle rechtlichen Register ziehen, um sich einer Sanierung zu widersetzen.

Das besondere Erlebnis

Zwischen 1830 und 1874 war Bremerhaven der größte Auswandererhafen Kontinentaleuropas. Also ab ins Deutsche Auswandererhaus in der Columbusstraße 65. Das preisgekrönte Erlebnismuseum präsentiert inmitten detailgetreu rekonstruierter Ausstellungsräume und anhand realer Familiengeschichten sowohl die europäische Auswanderung nach Übersee als auch die Einwanderungsgeschichte nach Deutschland. Siehe: www.dah-bremerhaven.de

Gibt es noch Hoffnung für diese im Stich gelassene Immobilie? Zu hoffen ist es.

31

MORBIDER CHARME MIT FISCHEN

Das Ex-Marinebad in Bremerhaven

Mitten im Kleingartengelände Reuterhamm liegt zwischen der Stresemannstraße und der Eisenbahnbrücke das ehemalige Marinebad. Die morbid charmante Anlage ist für menschliche Schwimmer ein Lost Place, für tierische hingegen ein Gewinn.

Ort ASV Unterweser e. V. Auf dem Reuterhamm, 27576 Bremerhaven **GPS** 53.55300, 8.59646
Anfahrt Vom Hbf. mit Bus 503, 507 bis Halt Bremerhaven Stadthalle, von dort via Jan-Grön-Str. gut 500 Meter zu Fuß. Mit dem Auto von der A27: Ausfahrt 7 (Mitte) gen Zentrum, weiter auf der Stresemann- und Jan-Grön-Straße, rechts abbiegen in Auf dem Reuterhamm und sofort wieder rechts in das Kleingartengelände. Ab dem Gastronomiebetrieb »Face_lounge«, dort sind einige Parkplätze, geht es – gut 150 Meter – nur zu Fuß weiter.

Ein Schwimmbad für andere Arten, menschliche Wasserratten bleiben außen vor.

MARINETYPISCHE VERWENDUNG Als Bremerhaven 1935 einen Stützpunkt der Reichsmarine erhielt, wurde ein an der Geeste gelegenes Schwimmbad zum Marinebad umgebaut. Am 4. Juli 1936 erfolgte die feierliche Eröffnung. Auf den acht Bahnen des 50-Meter-Beckens fanden in der Folgezeit zahlreiche Wettkämpfe statt. Nach dem Zweiten Weltkrieg beschlagnahmte die United States Navy das Marinebad, was in der Seestadt für einigen Verdruss sorgte, denn es wurde von den Amerikanern nicht stark frequentiert. Jedenfalls stand den Bremerhavener Sportvereinen kein Schwimmbad zur Verfügung, das internationalen Wettkampfbedingungen gerecht wurde, und die Schulen beklagten, in der Weser seien für die Kinder die Wasserverschmutzung und die Bakteriengefahr zu groß.

NUR FÜR UNIFORMTRÄGER Das Nichtschwimmer- und das große Becken mit den acht Bahnen und dem mittigen Sprungturm blieb der Allgemeinheit bis zu deren Stilllegung verschlossen. Zwar wechselten noch einmal die uniformierten Betreiber, übernahm die wieder in Bremerhaven aktiv gewordene Bundesmarine die Anlage mit den hölzernen Umkleidebaracken am Beckenrand. Ende der 1960er Jahre waren zudem mit Bussen angereiste Bundeswehr-Reservisten zum »Schwimmen für das Leistungsabzeichen« häufiger vor Ort. Als die Marine das Bad schließlich aufgab, nutzte Bremerhaven das Vorkaufsrecht und erwarb es. 1984 verpachtete es die Stadt an den »Angelsportverein (ASV) Bremerhaven-Unterweser«. Wettkämpfe bestreiten nun Fische.

MERKWÜRDIGE IDYLLE Hinter dem massiven Metalltor des ASV liegt nach wie vor unübersehbar das Schwimmerbecken – allerdings sind der Sprungturm und die hölzernen Umkleidebaracken nicht mehr existent. Geblieben sind die Startblöcke mit der verwitterten, zunehmend abbröckelnden Farbe. Das ehemalige Maschinenhaus im Hintergrund wurde von engagierten Mitgliedern zu ihrem Vereinsheim umgebaut. Während im Wettkampfbecken mit der 3,60 Meter tiefen Sprungkuhle so gut wie kein Schilf wächst, gedeiht es im Nichtschwimmerbecken umso üppiger.

FISCHE FUTTERN Laut dem ASV schlugen so einige Versuche fehl, im großen Becken Fische aufzuziehen, um sie später in anderen Gewässern auszusetzen. Der Versuch mit gut gefütterten Forellen scheiterte an der Gier von Reihern und Möwen – sie verfutterten die schmackhaften Fische massenhaft. Barsche, Brassen, Karpfen und Rotfedern schwimmen im Wasser aber wacker um die Wette, halten sich jedoch nicht an die dafür gedachten acht Bahnen …

Das besondere Erlebnis

Nahe dem oben erwähnten Bushalt Bremerhaven Stadthalle liegt in 20 Meter Entfernung ein alter Eisenbahntunnel. Obwohl es in deutschen Landen nicht an stillgelegten Tunneln mangelt, sind viele nicht zugänglich. Zäune, Mauern oder gar eine Zuschüttung verhindern das nur zu oft. Ein Gang durch den Eisenbahntunnel unter der vielspurigen Stresemannstraße ist möglich – Graffitis und ein verbliebener Gleisabschnitt verlocken jedenfalls dazu. GPS 53.55395, 8.59297; geparkt werden kann vor der Eisarena Bremerhaven.

Ein Vorortzug wird von den Startblöcken hoffentlich keinen Köpper machen.

Wo einstmals Träume verwirklicht wurden, wartet heute der Abrisshammer.

32

LAUBENPIEPERS ALBTRAUM

Verfall in der Kleingartenanlage Ackmann

Am Rand des Ortsteils Buschkämpen liegt die Kleingartenanlage Ackmann. Sie beginnt östlich des gleichnamigen Grabens. Im nordwestlichen Koloniebereich dominieren bis auf die Höhe der Gaststätte »Wiesengrund« seit einigen Jahren wildes Gestrüpp, wuchernde Brombeersträucher, verwüstete Parzellenlauben und vergammelte Gegenstände, weil die Pläne für eine Bebauung nicht vorankommen.

Ort Gaststätte »Im Wiesengrund«, Thebushelmde 2, 27576 Bremerhaven
GPS 53.55644, 8.60852 **Anfahrt** Mit dem Zug RB33 vom Hbf. nach Bremerhaven-Lehe, von dort 1,6 km zu Fuß. Mit dem Auto von A27, Ausfahrt 7 Bremerhaven-Zentrum, via Grimsbystraße/B212 bis Ausfahrt Stadthalle/Reuterhamm, von Stresemannstr. Rechts ab in Am Wischacker, die in Buschkämpen und Thebushelmde übergeht, dann nach 50 Metern rechts ab auf den Parkplatz.

PARZELLENNOT Das sich südlich bis zur Geeste erstreckende Ackmann-Gelände wurde 2018 um fast sechs Hektar kleiner, als der »Kleingärtnerverein Reuterhamm« diesen Koloniebereich an die Stadt Bremerhaven zurückgab. Das war unausweichlich geworden, weil so manche Parzellenbesitzer ihre Pacht schuldig geblieben waren und das Geld nicht mehr reichte. Zudem ließen sich zahlreiche Parzellisten nicht mehr blicken, verwilderten mehr als achtzig Kleingärten, machten Müll, Verwahrlosung und Vandalismus dem Verein immer mehr zu schaffen. Nachdem Bremerhaven die Fläche übernommen hatte, beschloss die Stadtverordnetenversammlung, einen Bebauungsplan für 45 Einfamilien- und drei Mehrfamilienhäuser erstellen zu lassen.

GARTENHÄUSERMIX IM GRÜN Östlich neben dem aufgegebenen und verwahrlosten Bereich liegen 25 Parzellen des »Kleingärtnervereins Reuterhamm«, die noch bewirtschaftet werden und deren Erscheinungsbild gepflegt ist. Das südliche Areal der 1958 gegründeten Kolonie Ackmann mit ihren Streuobstwiesen und einem von Anglern genutzten Teich wird von zwei weiteren Vereinen betrieben und besteht aus zumeist gut in Schuss gehaltenen, aber auch einigen schaurig anmutenden Dauerkleingärten. Die beiden seit den frühen 1930er-Jahren bestehenden Kleingärtnervereine »Bremerhaven-Lehe« und »Gartenfreunde Süd-Lehe« bewirtschaften mehr als hundert Gärten im Ackmanngebiet. Als die »Gartenfreunde« 1978 ihre mit öffentlichen Mitteln geförderten Schrebergärten anlegten, durften sie anstelle der üblichen völlig einheitlichen Parzellenhäuser unter drei verschiedenen Laubentypen in der vom Gesetz festgelegten Größe wählen. Seitdem gilt die Kleingartenpolitik der Seestadt Bremerhaven als vernünftig …

Von den Laubenpiepern verlassene Gartenanlagen harren der Umsetzung neuer Pläne.

MARKANTER LAUBENTYP Finnhütte oder auch Nurdachhaus wird ein Holzhaus genannt, dessen spitzes Satteldach bis zum Boden reicht und zwei Wände erspart. Solche Häuser sind im nahe der Geeste liegenden Koloniebereich zahlreich zu bewundern – wobei neben toll herausgeputzten auch einige ziemlich heruntergekommene Hütten in den Blick geraten.

VERZÖGERTE REALISIERUNG Was auch immer im Flächennutzungs- und Bebauungsplan für das geplante Neubaugebiet Ackmann stehen mag, das von der Politik geplante Projekt trifft auf teils heftige Widerstände in der Bevölkerung. Eine Anliegergemeinschaft, eine Bürgerinitiative und die Grünen kämpfen aus teils unterschiedlichen Gründen gegen eine Bebauung. Die einen sind gegen drohende Anliegerkosten beim Ausbau der Straße Buschkämpen, die anderen betrachten das geplante Neubauviertel als Zerstörung der vorhandenen Natur und Tierwelt und wollen »in Zeiten des Klimawandels« nicht »noch mehr Fläche in der Stadt« versiegelt wissen. Auch die Grünen wollen die »vielfältige Flora und Fauna« des ehemaligen Kleingartengebietes erhalten und fordern, dass das »Bauvorhaben Ackmann« gekippt wird.

Das besondere Erlebnis

Die Gaststätte »Im Wiesengrund« hat von Freitag bis Sonntag am späteren Nachmittag geöffnet und – Stand 2023 – nicht zuletzt für Fans von Fleisch-, Käse- und Veggie-Burger vielfältige Gaumenfreuden zu bieten. Die Bienen müssen auch nicht hungern – für sie gibt es einen von den Kleingärtnern entwickelten Automaten, der gegen ein 50-Cent-Stück eine Portion Blumenmischung gewährt. Siehe: www.im-wiesengrund.org

Einige der aparten Nurdachhäuser aus Holz in der Ackmann-Anlage verkommen zunehmend.

33

WATTWANDERUNG ZU EINEM LOST PLACE

Die Festungsinsel Langlütjen II

Langlütjen II ist eine künstlich angelegte ehemalige Festungsinsel, die einst zur Sicherung der Wesermündung genutzt wurde. Sie ist ein Lost Place der besonderen Art, weil sie nur mittels einer Wattwanderung erreicht werden kann. Da sie im Privatbesitz ist und ohne Genehmigung nicht betreten werden darf, muss die Tour mit einem über Zutrittsrechte verfügenden Wattführer erfolgen.

Ort Langlütjen II, Wattwanderung ab Tettens, https://www.butjadingen.de/erleben-entdecken/watt/wattwanderungen **GPS** 53.55112, 8.48241 **Anfahrt** Mit der Bahn über Bremen nach Nordenham. Von hier aus verkehren regelmäßig Busse in die einzelnen Orte Butjadingens. Mit Auto über die A27 Bremerhaven-Bremen bis zur Ausfahrt Stotel (11), weiter gen Dedesdorf, Wesertunnel, Kleinensiel. Anschließend auf Bundesstraße 212 Richtung Nordenham und Tettens. Zu Fuß und Rad per Weserfähre von Bremerhaven aus nach Nordenham-Blexen. Von dort aus liegt das Landhaus Tettens gut 1,5 km entfernt.

Bei Ebbe wirkt die künstliche Festungsinsel wie ein grünes Ei des Columbus im Watt.

LANGLÜTJEN II Das Eiland gehörte – wie auch Langlütjen I – zu den vier künstlichen Festungsinseln, die ab 1869 von der preußischen Staatsregierung auf einer Sandbank angelegt wurden (Brinkamahof I und II sind nicht mehr existent).Langlütjen II liegt gegenüber Bremerhavens Containerterminal und hat, anders als die für Besucher gesperrte Schwesteranlage, keine Dammanbindung ans Festland. Das politisch zur Stadt Nordenham gehörende ovale Eiland im Nationalpark Wattenmeer ist etwa 17.000 Quadratmeter groß. Die 1872 aufgenommenen Bauarbeiten endeten 1876. Beteiligt waren rund 300 Arbeiter, die aufgrund der Gezeiten nur im Sommer und bei Ebbe die Insel aufschütten und das Fort aus Backsteinen bauen konnten. Vier Jahre später wurde Langlütjen II in Dienst gestellt.

ZUR NUTZUNG DES FORTS Die Bewaffnung bestand bis zum Ende des Ersten Weltkriegs aus fünf 28-cm-Geschützen in Panzertürmen und zwei 15-cm-Geschützen. Von 9. September 1933 an nutzte – auf Veranlassung der bremischen Polizeidirektion – die SA die Kasematten von Langlütjen II als Konzentrationslager. Auf der künstlichen Insel wurden vor allem politische Gefangene isoliert und misshandelt. Wegen der umständlichen Erreichbarkeit wurde das KZ am 25. Januar 1934 wieder aufgegeben. Im Zweiten Weltkrieg waren 2-cm-Flugabwehrgeschütze und Flak-Scheinwerfer auf der Insel stationiert. Seit Jahrzehnten liegt die alte Festung im Vogelschutzgebiet. Allerdings setzen die Naturgewalten dem Bau mit dem Festungsgraben immer stärker zu. Seit 2006 ist die denkmalgeschützte Insel mit den pittoresken Resten eines Anlegers im Besitz einer Privatperson. Wie oft sie die Insel aufsucht, ist schwer zu sagen.

Blick in den Festungsgraben der denkmalgeschützten Insel.

Das besondere Erlebnis

Zweimal am Tag gibt die Ebbe den Meeresboden frei. Dann startet zuweilen ab Tettens die Wattführung nach Langlütjen II. Das Eiland liegt vom Festland übers Schlickwatt zwei Kilometer weit entfernt. Die durchaus herausfordernde barfüßige Wattwanderung beginnt nach dem Überqueren des Deiches und der Salzwiesen, auf denen Schafe grasen. Proviant, ein Handtuch und festes Schuhwerk für die Gänge über die steinernen Reste des Marine-Forts gehören zur Ausrüstung. Nach gut zwei Stunden ist Langlütjen II mit der aus Ziegelsteinen gemauerten Befestigungsanlage der Preußischen Kriegsmarine erreicht. Sie dient heute den Küstenvögeln als Brutstätte. Das Betreten der Anlage mit den gewölbten Kasematten erfolgt auf eigene Gefahr.

Der 35,5 Meter hohe Turmdrehkran an der Geeste wurde 1956 für die Rickmers Werft in Bremerhaven-Lehe gebaut (Kapitel 27).

Auf dem Bock in der Detentionshaus-Zelle sitzen längst keine Inhaftierten mehr (Kapitel 9).

REGISTER

A
ABC-Bunker 59
Adler-Werft 67 f.
AG Weser 9, 67 f., 80 f., 112, 131
Altbauten Goethe-Quartier 140
Altmannshöhe 24 f., 27, 28 f.
An der Wollkämmerei 108 f.
Antikolonialdenkmal Nelson-Mandela-Park 16
Argo-Reederei 68

B
Behn, Fritz 17
Bleikeller 36 ff., 40
Blockland 96 f., 100 f.
Blumenthal 104 f.
Bredo 128, 131
Bremen-Farge 81, 112
Bremen-Überseehafen 70
Bremer Bunker-Tour 59
Bremer Vulkan 9, 67, 131
Bremer Woll-Kämmerei 104 f., 108
Brunnen Beim Bade 33
Bunker Valentin 110, 113
Bürgerpark 19, 54 f., 58 f.
Buschkämpen 148, 150
Büsen, Johann 30

C
Container-Terminal 8, 127, 153

D
Demnig, Gunter 65
Denkort Bunker Valentin 113
Deschimag 81, 112, 131
Detentionshaus 44, 47 f.
Deutsche Kolonialgesellschaft 17 f.
Deutsches Auswandererhaus 142
Deutsches Schifffahrtsmuseum 9, 119, 123
Dokumentationsstätte Gefangenenhaus Ostertorwache 47
Dom-Museum 38, 40
Domsheide 10, 34 f.
Domshof 42, 44
Dreimaster De Liefde 119

E
Engelbrechten, Georg Bernhard von 38
Europahafen 66, 70, 72, 116
Ex-Marinebad in Bremerhaven 144

F
Festungsinsel Langlütjen II 152
Focke Museum 53, 63, 94
Focke Windkanal 61, 63
Focke, Heinrich 60 f., 63
Focke-Wulff-Werke 60

G
Geeste 127 f., 130, 133 f., 145, 149 f.
Geestemünde 127 f., 132
Gerhard-Marcks-Haus 27, 47
Geschichtenhaus 103
Goethe-Quartier 140 ff.
Gorsemann, Ernst 25 f.
Gottfried, Gesche Margarethe 43 f., 47
Grohner Düne 102 f.
Gröpelingen 81, 88 f., 92 f.
Güterbahnhof Bremen 20 f., 23

H
Hafenhaus 116 f.
Hafenklause 136 f.
HAG 74 ff.
Herero 18 f.
Historisches Museum Bremerhaven 134
Hochbunker am Ostrand 55
Hohentorshafen 114 ff.
Horn-Lehe 64

J
JVA Blockland 96 f., 101

K
Kaisenhaus 84 ff.
Kaiserhafen 136 f.
Kap-Horn-Straße 80 f.
Kirkeby, Per 35
Kirkeby-Turm 34 f.
Klabautermann 122 ff.
Klabautermann-Brunnen 124
Kleingartenanlage Ackmann 148 f.
Kleingartengebiet Waller Feldmark 84
Kleingartengelände Reuterhamm 144

Kleinmuseum 84, 86
Kletterbunker Bremen 90
Kommandobunker 54, 58
Königlich Preußische Eisenbahn 89
Koschnick, Hans 92 ff.
Koschnick, Johannes 93 f.
Krempelhochbau 108 f.
Kulenkampff, Eberhard 35
Kunsthalle Bremen 9, 31
Kunsttunnel 27, 28 ff.

L

Lange, Johann 103, 133
Langlütjen II 152 f.
Lankenauer Höft 114, 119
Larssen, Tryggve 116
Lehe 127 f., 140, 149
Lettow-Vorbeck, Paul von 17
Lexzau, Scharbau & Co. 81
Lindenhofviertel 92
Lloyd Werft 128
Lokalruine am Kaiserhafen 136
Lüderitz, Adolf 17 f.

M

Messerschmitt-Fertighaus 60, 63
Museumshafen 83, 123 f.

N

Nama 18 f.
Nationalpark Wattenmeer 153
Nelson-Mandela-Park 16
Neustädter Graben 115
Neustädter Hafen 119
Neustadtswallanlagen 115

O

Öffentlicher Fernsprecher Schnoor 32
Osterdeich 28 ff.
Ostertor 44, 46 f., 50 ff.
Ostertorwache 46 f.

P

Pagels, Hermann Joachim 123
Paulskloster 51
Prenzlau 118

R

Rangierbahnhof Bremen-Gröpelingen 88
Reederei Norddeutscher Lloyd 128
Regierungsbunker 55
Rekum 110 f.
Rhododendron-Park 65
Rickmers Reismühle 67 f., 128
Rickmers, Clasen 128
Rickmers-Werft 128
Ritterburg Blomendal 109
Roselius, Ludwig 75

S

Schichau Seebeckwerft 126, 128, 130 f.
Schichau Unterweser AG 131
Schnoor 32 f.
Seebeck, Georg 128, 134
Seute Deern 123 f.
Silberwarenmanufaktur Koch und Bergfeld 65
Sponeck, Hans Emil Otto Graf von 64 f.
Sponeck, Hans-Christof von 65
Spuckstein 42, 44
SSW Fähr- und Spezialschiffbau 131
St. Petri-Dom 42, 44
Staffage 102
Stavendamm 32 f.
Stephani Werft 68
Stephanikirchenweide 66 ff.
Strauß, Adolf 65

T

Tacke, Wilhelm 38
Technikmuseum Wilhelm Bauer 83
Theater Schaulust 22
Tunnel Altmannshöhe 29

U

Überseehafen 66, 70 ff.
Überseeinsel 66 f., 128
Übersee-Museum 9, 19, 23
U-Boot-Bunker Hornisse 80
U-Boot-Bunker-Werft 81

V

Vasmer, Hinrich 52
Vasmer, Johann 50 ff.
Vasmer-Sühnekreuz 50, 52
Vegesack 102 f., 133
Vogelsang, Heinrich 18
Voget, Friedrich Leopold 44, 47

W

Wallanlagen 25, 29, 31
Wasserturm 88 ff., 108
Wencke, Friedrich Wilhelm 127, 133 f.
Wencke, Gesine 134
Wencke-Trockendock 132
Weseruferpark Rablinghausen 119
Wiepking, Heinrich 25
Wilhelm Wagenfeld Haus 46 f.
Willy-Hundertmark-Platz 92
Woltmershauser Canal 115

Z

Zadek, Peter 17
Zum Alten Speicher 103
Zum Kammstuhl 108

IMPRESSUM

Verantwortlich: Claudia Hohdorf
Lektorat: Tobias Keil
Korrektorat: Christiane Gsänger
Layout: BUCHFLINK Rüdiger Wagner
Covergestaltung: Rudi Stix
Layout- und Reihengestaltung: Mathias Frisch
Kartografie: Bruckmann Verlag GmbH, Heidi Schmalfuß
Repro: LUDWIG:media
Herstellung: Alexander Knoll
Printed in Poland by CGS Printing

Sind Sie mit diesem Titel zufrieden? Dann würden wir uns über Ihre Weiterempfehlung freuen.
Erzählen Sie es im Freundeskreis, berichten Sie Ihrem Buchhändler, oder bewerten Sie bei Onlinekauf. Und wenn Sie Kritik, Korrekturen, Aktualisierungen haben, freuen wir uns über Ihre Nachricht an Bruckmann Verlag, Postfach 40 02 09, D-80702 München oder per E-Mail an lektorat@verlagshaus.de.

Unser komplettes Programm finden Sie unter www.bruckmann.de

In diesem Buch wird aus Gründen der besseren Lesbarkeit das generische Maskulinum verwendet. Weibliche und anderweitige Geschlechteridentitäten werden dabei ausdrücklich mitgemeint, soweit es für die Aussage erforderlich ist.

Empfehlung der Redaktion Sie sind auf der Suche nach weiterführender Literatur? Dann empfehlen wir Ihnen den Titel »Lost & Dark Places Hannover und Umgebung« von Uwe Grießmann.

Bildnachweis Alle Bilder im Innenteil stammen von Hajo König mit Ausnahme von: Seite 124: Gesunkene Seute Deern, Foto: Wikimedia Commons, Archiv Peter Raap (gemeinfrei); Seite 152: Langlütjen II von Gundolf Reichert; Seite 153: Norbert Hecker, Nationalparkverwaltung Niedersächsiches Wattenmeer

Umschlagvorderseite: Die Staffage-Turmruine in Bremen-Vegesack (Kapitel 22)
Umschlagrückseite: Am alten Güterbahnhof Bremen (Kapitel 2)

Die Deutsche Nationalbibliothek verzeichnet diese Publikation in der Deutschen Nationalbibliografie; detaillierte bibliografische Daten sind im Internet über http://dnb.d-nb.de abrufbar.

ISBN 978-3-7343-2546-5